W0294527

BUR
Rizzoli

Dello stesso autore in BUR Rizzoli

Siate affamati siate folli.
Steve Jobs in parole sue

GEORGE BEAHM

Trump contro tutti

L'uomo più controverso
degli Stati Uniti d'America in parole sue

EDIZIONE AGGIORNATA

BUR Rizzoli saggi

Pubblicato per

BUR Rizzoli

da Mondadori Libri S.p.A.
Proprietà letteraria riservata
© 2016 George Beahm
Through arrangement with the Mendel Media Group LLC of New York
© 2016 Rizzoli Libri S.p.A. / Rizzoli, Milano
© 2018 Mondadori Libri S.p.A., Milano

Titolo originale dell'opera:
Trump Talk: Donald Trump in His Own Words

Traduzione di Gladis Giovanni Ubbiali

ISBN 978-88-17-18989-7

Prima edizione: Rizzoli Etas: 2016
Prima edizione BUR Saggi: ottobre 2024

Seguici su:

www.rizzolilibri.it /RizzoliLibri @rizzolilibri @rizzolilibri

Ho la reputazione di essere un uomo tenace,
e mi piace pensare che sia giustificata.
Bisogna essere tenaci quando un sacco di gente
influente afferma che per voi è finita, quando
il vostro matrimonio sta andando a pezzi
e le pressioni del business aumentano.
Alla lunga, la tenacia è il segreto principale
della mia sopravvivenza.

Donald Trump, *Trump: Surviving at the Top*

Prefazione alla nuova edizione
L'uomo che volle farsi re: ora Donald Trump viene preso sul serio

L'ho detto a tutti sin dall'inizio:
non sottovalutate mai Donald Trump.
Ha avuto molto successo per una ragione
precisa. Sa come vendere e, nello specifico,
sa come vendere se stesso molto bene.
Sa anche che cosa vogliono i clienti.

Bob Vander Plaats, presidente di
Family Leader, *Washington Post*,
14 agosto 2015

Come riporta biography.com[1], "Il primo dibattito televisivo presidenziale di sempre è avvenuto il 26 settembre 1960 a Chicago, è stato trasmesso da CBS e visto da oltre 66,4 milioni di spettatori in tutto il Paese. All'epoca, i due candidati, molto diversi tra loro, erano testa a testa nei sondaggi, ma solo uno di loro sembrò comprendere il potenziale dell'evento a cui stava per partecipare".

Il candidato democratico "... conosceva il potere della televisione e stava sfruttando al meglio la sua immagine telegenica e la sua invidiabile famiglia da cartolina" continua biography.com. Il candidato repubblicano, invece, si presentò con evidenti problemi di salute che gli spettatori non poterono fare a meno di notare: "Aveva perso dieci chili durante il suo ritiro forzato, e quando è ritornato in pista era debole, pallido e dall'aspetto esausto".

Scrive britannica.com: "Sebbene Nixon abbia offerto una buona performance dal punto di vista retorico, Kennedy riuscì a esprimere un'immagine attraente di giovinezza, energia e un portamento tali da convincere molti di aver vinto il dibattito". Le apparenze avevano avuto la meglio sulle capacità retoriche[2].

Il candidato repubblicano perse. Nelle sue memorie, riporta il sito biography.com, Nixon conclude dispiaciuto che "dopo la fine del programma tutti quelli che mi chiamarono, compresa mia madre, vollero sapere se c'era qualcosa che non andava".

La televisione fu la vera trionfatrice della giornata: il medium era il messaggio, e il messaggio era che John F. Kennedy aveva catturato l'immaginazione degli americani, sconfiggendo Richard M. Nixon, che in seguito ricoprì due mandati presidenziali, il secondo dei quali interrotto da uno scandalo che lo obbligò a dimettersi: alcune intercettazioni illegali al quartier generale del Comitato nazionale democratico e a lui riconducibili, raccolte all'Hotel Watergate di Washington.

Come scrive Justia (law.justia.com): "Per la prima volta in più di un centinaio di anni il Congresso decise l'incriminazione del presidente degli Stati Uniti, una mossa vanificata solo grazie alle dimissioni del presidente Nixon il 9 agosto 1974".

Il secondo mandato di Nixon, "l'infido Dick" terminò il 20 gennaio 1973, mentre si difendeva affermando: "Non sono un imbroglione".

L'ASCESA DI TRUMP

Tutto il mondo si sintonizzò per vedere Donald Trump e Joseph Biden duellare verbalmente nel primo dibattito presidenziale delle elezioni del 2024. Moderato da Dana Bash e Jake Tapper di CNN, il dibattito è stato litigioso, con Trump che interrompeva costantemente Biden, deviandogli il filo dei pensieri, persino dopo che il microfono di Trump era stato spento.

Il titolo del pezzo di Christina Sterbenz pubblicato da Bloomberg: "Questi video mostrano Biden come una persona anziana che si trascina in un mare di bugie". E il sottotitolo: "Il dibattito presidenziale più precoce di sempre e il primo delle elezioni 2024, pieno di menzogne eclatanti da parte di Trump, è stato un disastro per un Biden che invecchia"[3].

Come ha scritto Anthony Zücker di BBC: "...molti americani hanno espresso preoccupazioni sull'età di Joe Biden e sulla sua idoneità all'incarico. Sostenere che il dibattito non ha messo a tacere queste preoccupazioni potrebbe essere l'affermazione più inadeguata dell'anno. ... Il presidente è arrivato al dibattito con un'asticella bassa da superare, ed è inciampato. È stato piatto. È stato incoerente. Non è stato chiaro. ... Per novanta minuti, il più delle volte si è trovato alle corde. In particolare, all'inizio della serata alcune delle sue risposte sono state prive di senso. Dopo aver perso il filo del discorso, ha concluso una risposta dicendo: 'Alla fine abbiamo battuto Medicare', uno strano riferimento al programma sanitario per anziani gestito dal Governo".

Aggiungendo benzina al fuoco, Donald Trump – che ha irriso Biden chiamandolo "Joe il sonnolento" – ha risposto: "Credo proprio di non sapere che cosa abbia detto alla fine di quella frase, e penso che neanche lui lo sappia". Zurcher di BBC ha sintetizzato così: "Quella frase potrebbe aver riassunto tutta la serata"[4].

Per Biden, l'elezione presidenziale divenne una battaglia in salita: doveva riprendersi da un dibattito che poteva averlo ferito mortalmente.

Ora Donald aveva un asso. Come dice il musicista Kenny Roger nella sua famosa canzone *The gambler*, dovete sapere quando passare o giocare. Ma Biden non aveva nessuna intenzione di passare la mano, quando affermò ai suoi compagni democratici in una lettera datata 8 luglio 2024: "Voglio che sappiate che, nonostante tutte le speculazioni sulla stampa e altrove, sono fermamente impegnato a restare in corsa, fino alla fine, e a battere Donald Trump".

La risposta risoluta di Biden a tutti: "Non sto andando da nessuna parte".

Quando Trump sorprese il mondo, annunciando la sua candidatura alla presidenza dopo essere sbucato dall'ascensore nella lobby della Trump Tower il 16 giugno 2015, disse alla folla dei suoi sostenitori: "Quindi, signore e signori, sono ufficialmente in corsa per la carica di presidente degli Stati Uniti, e noi renderemo di nuovo grande il nostro Paese. ... Purtroppo il sogno americano è morto. Ma se sarò eletto presidente lo farò rinascere più grande, migliore e più forte di sempre".

I media trascorsero una vera e propria giornata campale mettendo Trump sulla graticola, increduli che avesse persino osato di contemplare la possibilità di correre per la più alta carica del Paese: non lo presero sul serio, come anche l'allora presidente Barack Obama, che fece di Trump l'oggetto delle sue battute a una cena dei corrispondenti della Casa Bianca nel 2011. Prendendo in giro Trump, Obama scherzò: "Nessuno è più orgoglioso di mettere fine alla faccenda del certificato di nascita di The Donald. E questo perché così finalmente potrà tornare a concentrarsi sulle questioni che contano, come *L'atterraggio sulla luna è stato un fake?, Che cos'è accaduto veramente a Roswell?, Dove sono Biggie e Tupac?*"[5].

Obama, come i corrispondenti presenti, era convinto che Trump non avesse alcuna possibilità: il clown era arrivato in città, e l'immagine di Trump come il matto delle carte impazzava. Quella sera, alla cena, il comico Seth Meyers aveva rincarato allegramente: "Trump ha detto che corre da repubblicano. Sono sorpreso perché pensavo corresse come battuta"[6].

Ma quelli che si sbagliavano erano i numerosi scettici, e in particolare i media.

Prima della notte delle elezioni, i sondaggi avevano previsto una vittoria a valanga di Clinton, ma, ha scritto la CNN, "a mano a mano che i risultati affluivano il martedì, le migliaia di persone radunate al Javits Convention Center per celebrare la vittoria iniziarono a capire che qualcosa non andava. Il risultato della Virginia era troppo vicino alla parità. In Florida Clinton stava iniziando a restare indietro. In Wisconsin – uno stato che la campagna di Clinton considerava ormai nel sacco – la situazione era troppo incerta per pronunciarsi sulla vittoria. ... Molto prima di mezzanotte e ancora ore prima che la corsa presidenziale fosse dichiarata chiusa, i sostenitori di Clinton iniziarono ad andarsene" ("Tears and shock at Clinton's election night party", 9 novembre 2016).

Clinton perse. Sostenuta dai sondaggi, era fiduciosa

di avere il gatto già nel sacco e, quando questo scappò fuori, l'esultanza sua e del suo staff elettorale si trasformò in incredulità e costernazione. I sondaggi erano sbagliati in modo disastroso.

Come ha notato theringer.com, "Fu una disfatta storica generata da una competizione altrettanto storica: colei che doveva essere la prima presidente donna del Paese contro il magnate immobiliare personaggio della TV che aveva giurato di prendere d'assalto Washington e metterla a ferro e fuoco"[7].

Il 20 gennaio 2017, giorno dell'insediamento, Clinton sedeva vicino a Trump mentre lo guardava diventare il 45° presidente degli Stati Uniti, un lavoro per cui lei si era preparata per tutta la carriera politica. Era stata stracciata da un uomo che, a differenza di lei, non aveva mai ricoperto alcuna carica pubblica. Eppure, persino nella sconfitta, Clinton fu cortese. Il 20 gennaio 2017 postò su Twitter (ora X): "Sono qui oggi per onorare la democrazia e i suoi valori durevoli. Non smetterò mai di credere nel nostro paese e nel suo futuro". Ma il discorso di Trump non fu quello che Clinton si aspettava: "Volevo che si elevasse grazie all'occasione e diventasse il nostro presidente, che fosse il presidente di tutti, non solo di quelli che lo avevano sostenuto. Non è successo. Quindi eravamo lì seduti e stavamo ascoltando; ero seduta vicino a George W. Bush e Bill era dall'altro lato, e stavamo ascoltando quel discorso così oscuro e divisivo che io descriverei come 'un urlo dalla pancia nazionalista bianca'. Ero così delusa che non fosse un allargamento, ma un restringimento e un rafforzamento di quello che aveva già detto"[8]. In quel momento, quando Clinton comprese che cosa il mondo doveva aspettarsi da

Trump nei quattro anni successivi, le si spezzò il cuore. I barbari abbatterono rapidamente le porte di Washington D.C. e si insediarono per i successivi quattro anni; Trump, che aveva promesso di drenare la palude, al contrario contribuì a innalzarla: ciò che più gli importava era la lealtà e non la competenza, al punto di nominare consigliere alla Casa Bianca suo genero Jared Krushner, insieme alla figlia Ivanka (alla quale gli specialisti della sicurezza rifiutarono inizialmente le autorizzazioni necessarie, per essere poi smentiti dal loro supervisore).

I favori politici furono riscossi e i suoi sostenitori assunsero posizioni per le quali era evidente non fossero qualificati. Un esempio tra tutti: l'ex governatore del Texas, Rick Perry, che assunse la direzione del Doe (Departmente of Energy), responsabile del mantenimento delle scorte di armi nucleari. Il suo background accademico? Una laurea in produzione e gestione degli animali da fattoria alla Texas A&M University.

L'atteggiamento di Clinton, cortese nella sconfitta, contrastava aspramente con la cattiva predisposizione di spirito del presidente appena proclamato, che in seguito scrisse su Twitter il 13 settembre 2017: "La disonesta Hillary Clinton accusa chiunque (e qualunque cosa) tranne se stessa per la sconfitta elettorale. Ha perso i dibattiti e la direzione!"[9].

LA CADUTA DI TRUMP

Trump ha perso le elezioni del 2020 senza ombra di dubbio, ma né lui né i suoi sostenitori hanno accettato i fatti; invece, il conflitto verbale è sfociato in un'insurrezione quando i suoi sostenitori hanno preso d'assalto il Campidoglio il 6 gennaio 2021. I suoi sostenitori avevano promesso un'adunata pacifica che si è rivelata tutt'altro: la folla incontrollabile, tra cui qualche individuo armato, ferì 140 poliziotti. Facendo rivivere l'assalto alla Bastiglia del 14 luglio 1789, i "soldati" di Trump, molti dei quali in pieno assetto da combattimento, sciamarono nel Campidoglio con lo scopo dichiarato di sovvertire il processo elettorale: la certificazione dei risultati presieduta dal vicepresidente Mike Pence, che in seguito sarebbe stato demonizzato da Trump e dalle sue truppe per aver fatto il suo lavoro. In seguito, infatti, l'ex presidente si è lamentato ad alta voce: "Mike Pence ha avuto la possibilità di essere grande. Ha avuto l'opportunità di essere, francamente, storico. Ma proprio come Bill Barr[10] e il resto di questi deboli, [Pence] non ha avuto il coraggio di agire".

Nella scia di quanto accaduto, le questioni legali occuparono il centro del palcoscenico: Trump era stato l'istigatore che aveva aizzato gli insorti? O stava semplicemente esercitando i diritti derivanti dal Primo emendamento, come lui e i suoi sostenitori affermavano?

Il punto di svolta fu costituito da una decisione epocale della Corte suprema, che, come riportato da CNN.com il 1 luglio 2024, "ha stabilito... che Donald Trump potrebbe reclamare l'immunità penale per alcune delle azioni compiute come presidente, in una decisione che molto probabilmente ritarderà un processo riguardante l'accusa di aver sovvertito le elezioni federali intentato contro di lui. La decisione è stata presa con una votazione di 6 contro 3, con i liberali in dissenso".

I PROCESSI CONTRO TRUMP

"Prima di Trump" ha scritto PBS.org "nessun altro presidente USA è mai stato portato a processo o condannato. È stato accusato di 88 reati in quattro processi penali, oltre a un paio di cause civili che potrebbero risolversi con importanti risvolti economici. Il 30 maggio è stato dichiarato colpevole di tutte le accuse riguardanti il caso del denaro pagato per ottenere il silenzio a New York"[11].

Ma per Trump ci sono altri problemi legali all'orizzonte: un caso riguardante documenti federali riservati, uno riguardante le elezioni federali del 2020, uno relativo alle elezioni del 2020 in Georgia e una causa per frode civile a New York.

I processi e le difficoltà non hanno impedito a Trump di rivolgere le sue attenzioni al risultato di un secondo mandato come presidente USA. Trascorrendo il tempo con la sua armata di avvocati, e destreggiandosi tra le apparizioni in tribunale con un broncio perpetuo, Trump è in piena campagna elettorale, mentre cerca di riguadagnare la sua ex posizione di uomo più potente del pianeta: il leader del mondo libero.

Questa volta, però, la posta in gioco non potrebbe essere più alta: i leader europei assistono nervosamente, mentre pianificano in silenzio la costruzione di un mondo nuovo senza l'assistenza americana.

Nel frattempo, entrambi i candidati consumano le scarpe attraversando il Paese. L'esercito di sostenitori di Trump si è messo in marcia a piena forza, come abbiamo visto il 28 giugno 2024 a Chesapeake, Virginia, dove una folla di migliaia di persone si è presentata quindici ore prima dell'inizio del comizio per accaparrarsi un buon posto. A Trump si è unito il governatore della Virginia Glenn Youngkin, un repubblicano, che ha affermato. "Signor presidente, questo è il miglior comizio che ha mai tenuto, e lo sta facendo in Virginia. E sì, in nome di 8,7 milioni di Virginiani, signor presidente, stiamo per metterci al lavoro per rimandarla alla Casa Bianca!" (msn.com, Emily Hallas, *Washington Examiner*, senza data).

"CORAGGIO... FATTI AMMAZZARE"

La vita è piena di sorprese, soprattutto durante un anno elettorale in cui qualunque cosa può succedere in qualunque momento per qualsiasi ragione. Giunti in vista dello sprint finale, e con i sondaggi testa a testa, sembrava che la corsa fosse tra due anziani maschi bianchi – Trump, 79 anni, e Biden, 82 – nessuno dei due nettamente favorito. La vittoria sarebbe stata decisa all'ultimo minuto, con il continuo tentativo di Trump di assassinare il personaggio di Biden, le sue credenziali e i suoi risultati. La pioggia di fango lanciata da Trump era la parte principale del gioco.

Biden, durante il dibattito presidenziale del 27 giugno, inflisse da solo un grave danno alla propria immagine con una pessima performance, apparendo fragile, perdendo il filo del discorso e parlando in tono dimesso. Biden fece del suo meglio, ma non era abbastanza.

Quando il dibattito finì, ne iniziò subito un altro. I giornalisti aggiunsero il carico: Biden è fisicamente e mentalmente adatto a essere il nostro prossimo presidente per altri quattro anni? Per i media fu una giornata campale. Eppure la scioccante performance di

Biden fu surclassata da quello che accadde sedici giorni dopo: durante un comizio in Pennsylvania, il 13 luglio, Donald Trump divenne il bersaglio di un attentatore solitario. Armato di un fucile d'assalto, da un tetto a poche centinaia di metri dal palco, un ventunenne riuscì quasi a cambiare il corso della storia, come aveva fatto Lee Harvey Oswald a Dallas, Texas, il 22 novembre 1963 quando uccise John F. Kennedy, trentacinquesimo presidente degli Stati Uniti.

I guai legali di Trump passarono immediatamente in secondo piano, mentre la sua salute prendeva il posto centrale sul palco. Parallelamente, la richiesta rivolta a Biden di abbandonare la corsa diventava più insistente persino dall'interno del partito, tanto da costringerlo ad accettare il passo indietro in favore del suo vicepresidente, Kamala Harris, il nuovo portabandiera dei democratici. Entrambe le parti politiche dovettero adattarsi a una nuova realtà e riformulare i piani per un'elezione che ormai distava solo pochi mesi, mentre tutto il mondo assisteva a un reality show in tempo reale che sembrava una fiction: troppo folle per crederci.

PRENDERE TRUMP SUL SERIO

La Russia di Putin, la Cina di Xi Jinping e la Corea del Nord di Kim Jong Un aspettano di vedere chi vincerà la corsa presidenziale. Se Trump prevale, il mondo sembrerà piuttosto diverso alla fine della sua amministrazione: Trump bloccherà gli aiuti militari all'Ucraina, aprendo la strada a Putin per portare vittoriosamente a termine la sua "operazione speciale" iniziata il 28 giugno 2024? In qualità di Comandante in capo delle forze armate, si opporrà al piano spesso dichiarato da Xi Jinping di invadere Taiwan per "riunificare la Cina"? E si schiererà al fianco della Corea del Sud per impedire a Kim Jong Un di comportarsi aggressivamente? Una guerra senza fine erutterà come un vulcano nel Medio Oriente?

Ogni anno che passa il palcoscenico mondiale si arricchisce di una nuova tempesta. Come ha detto Woody Allen: "Più che in ogni altro momento nella storia, l'umanità è di fronte a un bivio: una strada conduce alla disperazione e alla più amara privazione della speranza. L'altra all'estinzione totale. Preghiamo di avere la saggezza per fare la scelta corretta".

NON C'È NULLA DA RIDERE

Solo il tempo ce lo dirà, ma un fatto è certo: *nessuno* deride più Donald Trump. Sin da quando è sceso da quell'ascensore della Trump Tower, a New York, lui si è sempre preso sul serio... e ora anche il resto del mondo è costretto a farlo.

Prendete sul serio Donald Trump*

Come tutti coloro che aspirano alla presidenza degli Stati Uniti, Donald Trump deve essere preso sul serio. In fin dei conti, ha messo in gioco il suo denaro (si è impegnato fino a 1 miliardo di dollari), il suo tempo e la sua reputazione. Indipendentemente da come si giudichi Trump, che nelle prime fasi della sua corsa ha svettato sui suoi concorrenti per quanto riguarda la preziosa copertura dei media, non c'è dubbio che gli argomenti principali che ha affrontato – immigrazione, commercio con l'estero, politica estera, lavoro e deficit federale – sono al centro delle preoccupazioni di qualsiasi politico, a prescindere dal partito a cui appartiene.

Nell'affrontare il soggetto Donald Trump, questo libro intende essere imparziale, proprio perché voglio presentare un quadro più completo di lui. Che cosa pensa della sua vita politica, di quella come uomo di affari e di quella personale? Leggendo le sue parole e

* Prefazione all'edizione 2016.

scegliendo tra le sue citazioni degli ultimi quarant'anni possiamo capirlo.

Mi sono sforzato di rimanere imparziale proprio perché è una figura polarizzante: o lo si ama, o lo si odia, e tutti abbiamo già un'opinione formata.

Spero che questo libro offra materia per pensare e mostri lati diversi di Trump mettendo in prospettiva la sua vita e la volontà di "rendere di nuovo grande l'America".

Ce la farà a realizzare il suo obiettivo?

Nessuno può saperlo, ma una cosa è certa: la corsa è avviata, gli ostacoli sono alti e non possiamo escludere nessuno, men che meno Donald Trump, un uomo d'affari trasformato in politico che ha messo tutto sul piatto della più grande scommessa della sua vita.

Introduzione all'edizione 2016

Abbiamo incontrato il nemico, e il nemico siamo noi.

In occasione del primo dibattito per le primarie presidenziali repubblicane, i commentatori di Fox News hanno alzato gli scudi perché erano preoccupati che Donald Trump ignorasse le regole e trasformasse un dibattito formale nel suo reality show televisivo. Se fosse accaduto qualcosa di simile, il moderatore Bret Baier aveva un'"opzione nucleare" di riserva: come ha scritto Stephen Battaglio sul *Los Angeles Time*, nel caso in cui Trump fosse partito per la tangente gli avrebbero detto: "Mr. Trump, nel suo business ha le sue regole. Lei le segue. Su questo palcoscenico abbiamo le nostre. Non vorremmo doverla scortare fuori da questa sala fino all'ascensore". E Baier ha aggiunto: "Speravamo di non doverla usare, [ma] eravamo pronti" ("How Fox anchor Bret Baier prepared for the GOP debate and got an instant headline out of Donald Trump", 9 agosto 2015).

Come si è visto in seguito, l'opzione nucleare non

era necessaria, ma Trump ha scatenato una tempesta in un bicchiere d'acqua attaccando Megyn Kelly, una moderatrice del dibattito di Fox News che aveva chiesto: "... come risponderebbe all'accusa da parte di Hillary Clinton, che probabilmente sarà il candidato democratico, di far parte della guerra contro le donne?".

SANGUINAMENTI

Roger Stone, consulente politico che aveva aiutato Trump a prepararsi al dibattito, lo aveva avvertito su come gestire un argomento di questo tipo. Secondo il *Washington Post*, Stone – che poco dopo lasciò il suo incarico, sostenendo di essersi dimesso mentre Trump dice che l'ha licenziato – gli disse di comportarsi con moderazione. "Non farti trascinare da attacchi meschini – gli aveva consigliato – ma inizia offrendo un'agenda concentrata sull'economia e rendi evidente che cosa fa di te un candidato unico"(Robert Costa e Philip Rucker, "Growing pains for a sudden front-runner", 10 agosto 2015).

Come riporta il giornale, "Trump non prestò attenzione al consiglio. Al contrario, dopo aver brevemente ripassato le sue carte, decise di improvvisare, proprio come aveva promesso".

Invece di spiegare – come molti ritengono avrebbe dovuto fare – che rispetta le donne, che nella Trump Organization ce ne sono molte che lavorano per lui in ruoli dirigenziali chiave e che alcuni suoi commenti casuali non dovrebbero essere considerati rappresentativi del tutto, rimproverò la signorina Kelly: "Onestamente, Megyn, se non ti piace me ne dolgo. Sono stato molto educato con te, anche se – basandomi sul modo in cui mi hai trattato – forse non avrei dovuto esserlo. Ma eviterò".

Il giorno successivo, però, Trump era assetato di sangue e ha attaccato la Kelly online, affermando: "Aveva il sangue che le usciva dagli occhi, sangue che le usciva da ogni parte".

Quell'"ogni parte" è stato interpretato dai media come un riferimento al flusso mestruale, e Trump si è trovato improvvisamente nel mezzo di un bagno di sangue, a partire dalla cancellazione della sua partecipazione come speaker principale al RedState Gathering di Erick Erickson – un evento molto importante per la politica conservatrice negli USA – che si sarebbe tenuto due giorni dopo ad Atlanta. In quella sede Erickson ha affermato: "Non voglio che mia figlia si trovi nella stessa stanza di Trump stasera, quindi lui non è invitato. Se il nostro portabandiera deve essere questo, allora ne abbiamo bisogno di uno nuovo".

La versione online della rivista *Time* ha citato un portavoce della campagna di Trump che ha affermato: "Questo è solo un altro esempio della debolezza che sta dietro al politicamente corretto. Per tutti quelli che non vedevano l'ora che arrivasse Mr. Trump: ci mancherete. Incolpatene Erick Erickson, il vostro leader debole e patetico. Faremo un'altra fermata della nostra campagna in una location diversa" (Time.com, 8 agosto 2015).

La guerra delle parole tra Donald Trump e i media in generale, e tra lui e chiunque lo abbia trattato in modo ingiusto – anche nel suo partito – continuerà a crescere, anche se il partito repubblicano tenta di contenerla.

Il *Washington Post* riassume così la situazione: "Timorosi che la retorica fortemente emotiva del miliardario infligga danni seri al brand del partito repubblicano, i suoi leader sperano di allontanarsi dallo show di Trump e dirigersi verso una discussione più seria tra un gran numero di governatori, senatori e altri candidati"(Robert Costa e Philip Rucker, "Trump sparks recoil in GOP", 9 agosto 2015). Il giornale continua: "Riconoscono che il singolare megafono di Trump e la passione dei suoi sostenitori rendono qualsiasi calcolo sulla sua candidatura rischioso. Dopo tutto, già in precedenza era stato dato per morto" dopo che aveva formulato commenti al fulmicotone sul senatore dell'Arizona e compagno di partito John McCain e sulla candidata Carly Fiorina.

Nel frattempo, i democratici – e in particolar modo la favorita Hillary Clinton – stanno a guardare divertiti, aspettando gli sviluppi della situazione e sperando che la campagna di Donald Trump imploda.

La grande domanda senza risposta, che tiene tutti sul filo del rasoio, è questa: alla fine, se Trump perderà il sostegno del partito repubblicano sceglierà il male minore e uscirà semplicemente di scena, oppure drenerà voti che aiuteranno i democratici a vincere senza sforzo nel caso decidesse di correre come indipendente? Questa è la domanda fondamentale, a cui ancora non è possibile rispondere; nel frattempo il mondo, e in special modo il Messico, trattiene il fiato.

Il 3 settembre Trump ha firmato una dichiarazione, resa pubblica dal Republican National Committee, in cui si è impegnato a sostenere qualunque candidato venga scelto dal partito. Tuttavia, alcuni osservatori hanno affermato che siccome la dichiarazione non ha valore legale, Trump potrebbe decidere di buttarsi comunque nella corsa come candidato terzo (qualora non fosse nominato), facendo naufragare i piani della leadership del partito.

Quindi, le cose sono in divenire; Trump può ancora giocare le sue carte.

IL BUSINESS DELL'AMERICA È IL BUSINESS

Dopo aver costruito un impero affaristico che si estende in tutto il globo, Donald Trump è indiscutibilmente un uomo di business dal notevole successo, la cui ricchezza è valutata nell'ordine dei miliardi di dollari. I suoi critici sostengono che sia nato ricco, ma lui non è d'accordo. "La verità è che, quando ho esordito negli affari, ero praticamente in mutande. Mio padre non mi aveva dato molti soldi, ma una buona istruzione e una formula semplice per arricchirmi: lavora sodo facendo ciò che ti piace" ha scritto in uno dei suoi numerosi bestseller: *Think Big and Kick Ass, in Business and in Life*.

Quando i giornalisti sostengono che non sia un self-made man, Trump si irrita; si irrita anche, e a volte minaccia di intentare cause, quando si dice che ha dichiarato fallimento. (Non ha mai dichiarato fallimento *personalmente*, ma quattro dei suoi casinò di Atlantic City hanno dichiarato fallimento *aziendale*, come sottolinea subito.)

Nella sua essenza, Donald Trump è un costruttore, un uomo della strada, un negoziatore navigato, e un critico aperto di come i leader americani dirigono il paese.

Dopo qualche tentativo di incursione nell'arena politica, ha finalmente deciso di salire sul ring e si è proposto come candidato presidenziale per la campagna 2016, spiazzando l'establishment del partito repubblicano, che aveva progettato di proporre uno dei suoi candidati dotato di un'esperienza legislativa approfondita, tradizionalmente il governatore di uno stato o un senatore.

Come suggerisce una nota del suo ex consulente Roger Stone – citata dal *Washington Post* il 10 agosto 2015 – Trump dovrebbe porre l'accento sulla sua esperienza nel business come panacea per i problemi che affliggono gli USA. "Corro perché quando guardo le persone in campo – tutte molto gentili e carine – so che nessuna di loro potrebbe dirigere una delle mie società. Non sono imprenditori."

LE POSSIBILITÀ DI VITTORIA

Stone consigliò a Trump di posizionarsi come "un costruttore, un imprenditore e un capitalista, contrapposto a un mucchio di politici che sono evidentemente parte del problema": una distinzione importante. Molti americani sono chiaramente disillusi dalla prospettiva di ancora più chiacchiere e zero azione da parte dei politici di carriera; gente che i texani definirebbero "tutto cappello e niente vacche".

Attingendo in profondità all'insoddisfazione dei votanti rispetto ai politici, Donald Trump – con sorpresa del posato partito repubblicano – ha monopolizzato l'attenzione dei media e l'interesse degli elettori al punto che la sua popolarità nei sondaggi lo ha presto collocato in testa. In questo modo, si è guadagnato un posto prominente sul palcoscenico dei primi tre dibattiti presidenziali repubblicani. Inoltre la sua presenza ha elettrizzato l'elettorato: è sicuramente la ragione per cui gli americani si sono sintonizzati sui dibattiti, mentre senza di lui se ne sarebbero disinteressati. Come ha sostenuto Trump nella trasmissione televisiva *Today* della NBC: "Se non ci fossi stato io allo show, ci sarebbero stati due milioni di spettatori. Gli altri candidati sono molto fortunati, perché almeno la gente sta ascoltando ciò che hanno da dire; se non ci fossi io non importerebbe a nessuno".

Il primo dibattito della campagna del 2011, trasmesso dalla Fox, attirò 3,2 milioni di spettatori. Il dibattito della Fox del 2015 ha attirato 24 milioni di spettatori, dato che lo ha fatto diventare il dibattito delle primarie più visto nella storia della televisione, e il primo dibattito della CNN ha avuto 23 milioni di spettatori, definendo un nuovo record per la più grande audience nella storia della rete, grazie a Donald Trump.

Le menti curiose vogliono sapere: chi è Donald Trump, e perché dovrebbe essere il prossimo presidente USA?

Prima del dibattito, l'editorialista del *Washington Post* E.J. Dionne Jr. concludeva: "I sostenitori di Trump hanno l'intuizione che nel loro partito c'è qualcosa di profondamente sbagliato... Hanno ragione a ritenere che il partito non stia fornendo loro qualcosa che hanno il diritto di aspettarsi. La maggior parte dei candidati eluderà questa disaffezione. Quelli che invece tenteranno di rovesciare la perdita di fiducia rispondendo in modo costruttivo meriteranno di vincere il dibattito" ("Only losers out-Trump Trump", 3 agosto 2015).

Chi ha vinto il dibattito?

Osservando la questione in retrospettiva, non ci sono stati vincitori evidenti, nemmeno Trump. Quelle sono state, dopo tutto, le prime salve di una lunga battaglia di molti mesi, quindi sarebbe stato prematuro prevedere un vincitore in una fase così iniziale.

I dibattiti non sono stati, come qualcuno temeva, il *Donald Trump Reality Show*. Tuttavia, parlando a braccio e non leggendo un testo, Trump ha martellato su temi spesso ripetuti che sono le pietre angolari della sua campagna, e che ha affrontato estesamente in tre dei suoi libri più famosi: *The America We Deserve* (2000); *Time to Get Tough: Making America #1 Again* (2011, una seconda edizione di questo libro è stata pubblicata a settembre 2015 con il titolo *Time to Get Tough: Make America Great Again!*) e *Crippled America: How to Make America Great Again* (2015). In tutti e tre elenca i problemi che gli Stati Uniti devono affrontare, e offre la sua ricetta per la cura. Nel primo scrive: "Quello che farei se fossi eletto presidente sarebbe nominare me stesso rappresentante del commercio per gli USA; i miei avvocati hanno controllato e il presidente ha questa autorità. Mi prenderei personalmente cura dei negoziati con i giapponesi, i francesi, i tedeschi e i sauditi. I nostri partner commerciali dovrebbero sedersi al tavolo di Donald Trump e vi garantisco che le figuracce degli Stati Uniti finirebbero... Il nucleo di questi problemi è che non sappiamo come negoziare. Non sappiamo come ottenere ciò che vogliamo dalle persone con cui sediamo al tavolo delle trattative".

In altre parole, la cura di Trump consiste nell'essere personalmente coinvolto e nel diventare tosti nelle negoziazioni di accordi con l'estero, perché sostiene che praticamente tutti stanno levando la pelle di dosso agli americani, e non c'è motivo che sia così. Quindi, aggiunge, è ora di finirla.

DI NUOVO IN PISTA

Nel divenire della campagna tutti gli occhi saranno puntati su Trump, per vedere se ha cambiato tono, se ha messo un freno alla sua natura esplosiva, se si è preparato con fatti e statistiche invece di ignorarli e se appare più presidenziale; in breve, qualcuno che possa articolare un piano per salvare l'America. Se lo farà, per gli altri candidati sarà una battaglia dura.

Sulla rivista *Time*, il 24 agosto 2015, Zeke J. Miller sottolineava che, per quanto riguarda il partito repubblicano: "Le preghiere per la sua dipartita dalla corsa rimangono inascoltate, e la prospettiva di lui che continua a rimanere in giro per almeno qualche altro mese è molto probabile. Trump è l'invitato a cena che non se ne andrà... Fino a quando fa notizia, la fa da padrone nei dibattiti e galleggia in cima ai sondaggi, lui è in testa".

In altre parole: tenetevi stretti i cappelli, sarà una corsa a grandi balzi.

PERCHÉ QUESTO LIBRO?

Nel 1987, quando Trump pubblicò *Trump: The Art of the Deal*, ne comprai una copia, la lessi e conclusi che era un solido negoziatore, abituato alla realtà urbana e con una grande visione da raggiungere. In altre parole, era uno che faceva le cose, non uno che ne parlava, e in quanto tale uno che odiava stare a guardare.

In seguito, le visioni di Trump divennero più potenti, i suoi grattacieli più alti e continuò a scrivere libri sul business che erano semplici, rinfrescanti e istruttivi.

Dopo aver visto il primo dei dibattiti presidenziali repubblicani, mi chiesi se qualcuno dei suoi colleghi sul palco avesse letto *uno qualsiasi* dei suoi libri, che sarebbe stato un eccellente background. Trascurarlo o non prenderlo seriamente sarebbe un errore. Non importa quello che pensate dell'uomo, non potete discuterne il successo; nel corso degli ultimi quarant'anni ha concluso innumerevoli trattative profittevoli che lo hanno reso miliardario: è un fatto inoppugnabile.

Come ha affermato il presidente del partito repubblicano dello Iowa, Jeff Kaufmann, in un articolo di *CNN Politics* a opera di M.J. Lee (26 ottobre 2015): "Non credo che potreste trovare un singolo repubblicano di questo stato che avrebbe potuto prevedere, quattro mesi fa, che Donald Trump sarebbe ancora stato al primo posto (a livello nazionale)". Attribuisce questo fatto alla "fame per un outsider".

UN CANDIDATO CREDIBILE, O NO?

Nonostante tutti i libri suoi e su di lui – alcuni autorizzati, altri no – e con tutta la copertura dei media che si è guadagnato, è stato definito dai suoi detrattori un "clown" (da salon.com e da Jack Shafer su politico.com). Altri hanno negato questa definizione in modo altrettanto vigoroso: il commentatore politico per

NY1, Errol Louis, affermava sul *New York Daily News* (4 agosto 2015) che "dovremmo prendere sul serio Trump e trattarlo per quello che è: il candidato leader nella corsa alla nomination repubblicana per la presidenza. Uno che ha scritto due libri su come vorrebbe governare che contengono idee che si adattano bene al mainstream politico... Non c'è dubbio che il candidato Trump sia uno showman esperto di media e, a volte, un provocatore. Quando la gente paragona Trump al famoso showman e proprietario di circo del diciannovesimo secolo P.T. Barnum, dovrebbe anche ricordare che Barnum, dopo aver fatto una fortuna con il divertimento, si buttò in politica, vincendo le elezioni al parlamento del Connecticut e un incarico come sindaco di Bridgeport. In entrambi i ruoli fu considerato un riformatore importante ed efficace".

In altre parole, non tirate una linea su Donald Trump. Se non lo prendete sul serio, perlomeno prendete sul serio la cifra che ha intenzione di spendere. Quando gli è stato chiesto, in un'apparizione pubblica alla Iowa State Fair (15 agosto 2015) se sarebbe stato disponibile a spendere 1 miliardo di dollari di denaro proprio, ha risposto: "Lo farò, se devo. Guadagno 400 milioni di dollari all'anno, quindi che differenza fa?".

Che vinca o perda, dunque, non c'è dubbio che la sua partecipazione alla corsa per la Casa Bianca ha scioccato e scosso il partito repubblicano, e ha trasformato le elezioni del 2016 in un fenomeno che gli elettori osservano rapiti. Trump parla in modo semplice, accessibile, a un corpo politico che per troppo tempo si è sentito spossessato dei suoi diritti, tenuto a distanza e deluso dalla solita vecchia spazzatura di politici che si adeguano alla linea del partito ma, alla fine, non mettono mai in atto quello che dicono. Trump dice che lo farà.

Evidentemente, Trump ha toccato un nervo scoperto tra gli elettori repubblicani, portando a galla questioni insolubili, e attuali, che sono arrivate al punto di non poter più essere ignorate. Per questo motivo è salito in cima ai sondaggi. Ovviamente le persone sono interessate a quello che ha da dire.

"Trump: rendiamo di nuovo grande l'America!"

Il 16 giugno 2015, a New York, nella Trump Tower[12]*, Donald Trump, fondatore e capo della Trump Organization, uscì dall'ascensore e si diresse verso un leggio. Ascoltò sua figlia Ivanka presentarlo alla gente che si era radunata lì. Teneva in mano un discorso di quattro pagine, scritto accuratamente, preparato dal Comitato esplorativo per Donald J. Trump. Si avvicinò al leggio per leggerlo parola per parola, lo stesso documento che il suo comitato aveva rilasciato alla stampa via e-mail prima dell'evento, per assicurarsi l'esattezza delle citazioni nelle news.*

Il discorso era intitolato: "Trump: rendiamo di nuovo grande l'America![13] *Discorso di presentazione per la campagna presidenziale. Trump Tower, New York City, 16 giugno 2015".*

Iniziava con una definizione del problema: "La nostra nazione è in guai seri. Non siamo rispettati da nessuno. Siamo oggetto di derisione in tutto il mondo. L'ISIS, la Cina, il Messico: tutti ci stanno martellando. Chiunque ci martella. I nostri nemici stanno diventando più forti e noi stiamo diventando sempre più deboli".

Il discorso continuava gettando la colpa sui politici di carriera, di cui diceva "sono tutte chiacchiere e niente azione".

Affermando: "Non posso più stare seduto e osservare questa incompetenza", poi, si offriva come soluzione. "Signore e signori, sono ufficialmente in corsa come presidente degli Stati Uniti".

Il discorso proseguiva esplorando alcuni dei problemi più importanti: il debito nazionale in crescita ("che presto oltrepasserà i 20.000 miliardi di dollari"); le frontiere poco sicure; 90 milioni di americani che hanno smesso di cercare lavoro; 45 milioni di americani dipendenti dai buoni alimentari e 50 milioni che vivono in povertà. Affrontava le minacce provenienti dall'estero – sempre più pericolose di giorno in giorno – che comprendevano l'Iran e le sue armi nucleari, l'espansione della forza militare della Cina, i terroristi islamici che uccidevano diplomatici USA a Bengasi, l'ISIS che decapitava i cristiani e prendeva possesso di "vasti territori nel Medio Oriente e con essi delle riserve di petrolio più grandi del mondo".

Sosteneva che la nazione aveva bisogno di imboccare una "nuova direzione coraggiosa" e che "è tempo di rimettere gli americani al lavoro".

Le sue ricette: costruire un muro lungo la frontiera a sud, prendersi cura dei veterani, ricostruire le forze armate, onorare gli impegni verso gli anziani, abolire il sistema sanitario istituito dal presidente Obama, semplificare le norme fiscali, smettere di mandare lavoro all'estero "attraverso cattivi accordi commerciali", chiudere le scappatoie legali per Wall Street, creare opportunità per le piccole aziende, investire nelle infrastrutture, cambiare i programmi nelle scuole, sostenere Israele, impedire all'Iran di sviluppare armi nucleari, sconfiggere l'ISIS e fare i duri con i cinesi.

Parole dure.

Chiaro e conciso, il discorso originale di Trump avrebbe potuto essere pronunciato in tempo record, offrendo ai media molto di cui parlare. Questo evento non era il momento per fornire le specifiche – che sarebbero potute arrivare in seguito durante la campagna – ma il discorso era il punto di partenza, le fondamenta su cui la corsa di Trump per la presidenza sarebbe stata costruita.

Trump, però, non lo pronunciò mai.

Lo usò invece come una traccia per parlare in modo estemporaneo. Quale che fosse la ragione, procedette liberamente, sorprendendo il suo staff. Una trascrizione del suo discorso improvvisato apparve rapidamente online, proveniente da diversi media, alcuni dei quali lo sottoposero al fact checking.

Dato che questo discorso è la piattaforma su cui si basa Trump come candidato, lo ripropongo qui, con alcune modifiche minori necessarie per chiarirlo e renderlo più facile da leggere.

Molti dei punti del testo preparato sarebbero stati ben accolti da un elettorato disincantato e frustrato che sta cercando un leader che vada coraggiosamente dove nessuno è andato prima. In generale, i punti principali del discorso preparato sono in linea con quelli degli altri candidati del partito repubblicano a caccia della nomination.

È meraviglioso essere alla Trump Tower. È meraviglioso essere in una grande città, New York. Ed è un onore avervi tutti qui. Questo va al di là delle aspettative di tutti. Non c'è mai stata una folla come questa.

La nostra nazione è in guai seri. Non abbiamo più vittorie. Una volta eravamo abituati a vincere, ma ora non più. Quando è stata l'ultima volta che qualcuno ci ha visto battere – che so, per esempio – la Cina in un accordo commerciale? Ci uccidono. Io batto sempre la Cina.

Quando abbiamo battuto il Giappone in qualsiasi cosa? Ci mandano le loro auto a milioni e noi che cosa facciamo? Quando è stata l'ultima volta che avete visto una Chevrolet a Tokyo? Non esiste, gente. Ci battono ogni volta.

Quando abbiamo battuto il Messico alla frontiera? Ci ridono dietro, ridono della nostra stupidità. E ora ci stanno battendo economicamente. Non sono nostri amici, credetemi. Ci stanno uccidendo economicamente.

Gli Stati Uniti sono diventati una discarica per i problemi di tutti gli altri.

Quando il Messico ci manda i suoi, non manda la gente migliore. Ci mandano persone che hanno un sacco di problemi, e li portano da noi. Ci portano la droga. Ci portano il crimine. Sono violentatori. E alcuni, ritengo, sono brave persone[14].

Ma io ho parlato con le guardie di frontiera e loro ci dicono che cosa ci stanno mandando. E ha senso. Non ci stanno mandando la gente giusta. Non ci stanno mandando gente come voi.

Non stanno arrivando solo dal Messico. Stanno arrivando da tutto il Sud e il Centro America e – probabilmente – dal Medio Oriente. Ma non lo sappiamo. Perché non abbiamo né protezione né capacità, non sappiamo che cosa sta succedendo. Deve finire e deve finire presto.

Il terrorismo islamico sta divorando grandi parti del Medio Oriente. Sono diventati ricchi. Io sono in concorrenza con loro. Hanno appena costruito un hotel in

Siria. Ci credereste? Hanno costruito un hotel[15]. Quando devo costruire un albergo, io pago gli interessi. Loro non devono farlo perché hanno preso il greggio che io, quando abbiamo lasciato l'Iraq, avevo detto che avremmo dovuto prendere.

Quindi ora l'ISIS ha il greggio, e quello che non hanno loro ce l'ha l'Iran. Vi dirò questo, e l'ho detto molto decisamente anni fa – anche se amo le forze armate, e voglio che abbiamo l'esercito più forte che abbiamo mai avuto, e ne abbiamo più bisogno ora che mai – ho detto "Non colpite l'Iraq", perché state completamente destabilizzando il Medio Oriente. L'Iran conquisterà il Medio Oriente, l'Iran e qualcun altro prenderanno il greggio, ed è saltato fuori che ora l'Iran sta conquistando l'Iraq. Pensateci: l'Iran sta conquistando l'Iraq, e lo stanno facendo alla grande.

Abbiamo speso 2000 miliardi di dollari in Iraq[16]. In Iraq abbiamo perso migliaia di vite[17]. Abbiamo soldati feriti, che io amo – sono grandi –, ovunque, migliaia di soldati feriti.

E non abbiamo niente. Non possiamo nemmeno andare là. Non abbiamo niente. E ogni volta che forniamo all'Iraq un equipaggiamento, appena un proiettile vola nell'aria lo abbandonano.

La settimana scorsa ho letto che 2300 Humvee – si tratta di veicoli enormi – sono stati lasciati indietro al nemico. Duemila? Avreste potuto pensare due, forse quattro? Gli iracheni sono fuggiti, e il nemico si è impossessato di 2300 veicoli sofisticati[18].

Nello scorso trimestre, è stato appena annunciato, il nostro prodotto interno lordo – un segno di forza, giusto? Ma non per noi – era sotto lo zero. Chi ha mai sentito una cosa simile? Non è mai sotto lo zero[19]. Il nostro tasso di partecipazione attiva al mercato lavoro è stato il peggiore dal 1978. Pensateci: PIL sotto lo zero, partecipazione attiva al lavoro tremenda e tasso reale di disoccupazione da qualche parte tra il 18 e il 20 per cento. Non credete alla cifra del 5,6 per cento[20].

Va bene: un sacco di gente... non trova lavoro. Non trovano lavoro perché non ci sono lavori, perché la Cina ha i nostri lavori, e il Messico ha i nostri lavori. Tutti hanno i nostri lavori. Ma il numero vero è da qualche parte tra il 18 e il 19 per cento, e forse anche il 21 per cento, e nessuno ne parla perché è un dato statistico assolutamente privo di senso.

I nostri nemici diventano sempre più forti giorno dopo giorno e noi come nazione diventiamo sempre più deboli.

Persino il nostro arsenale nucleare non funziona[21]. Abbiamo equipaggiamenti che hanno trent'anni e non sappiamo nemmeno se funzionano. Ed è stato detto in televisione di recente, ho pensato che fosse orribile, perché mandare quel segnale a Putin e a tutti gli altri che ci guardano, che dicono: "Ok, quello è un gruppo di persone e quella è una nazione che non ha idea di quello che fa. Non sanno quello che stanno facendo".

Abbiamo un disastro chiamato la grande bugia: Obamacare. Ieri è saltato fuori che i costi per le persone stanno salendo, al 39 per cento, 49 per cento e persino 55 per cento[22]. E le franchigie sono schizzate alle stelle. Per poter utilizzare l'assicurazione dovete essere investiti da un trattore, letteralmente, perché le franchigie sono così alte da renderla praticamente inutile. È un disastro.

E ricordate il sito web da 5 miliardi di dollari dell'Obamacare? A tutt'oggi non funziona. Un sito web da 5 miliardi di dollari. Ho così tanti siti web. Ne ho ovunque. Assumo le persone e loro fanno un sito web. Mi costa 3 dollari[23].

Bene, avete bisogno di qualcuno perché i politici sono tutte chiacchiere e niente azione. Nulla verrà fatto. Credetemi, non ci condurranno alla terra promessa. Non lo faranno.

Un esempio. Sono stato in giro a tenere discorsi e ho ascoltato i miei colleghi repubblicani, sono gente meravigliosa. Mi piacciono. Tutti vogliono che io li sostenga. Vengono nel mio ufficio. La prossima settimana ne incontrerò tre, e loro non sanno: correrai, non correrai, possiamo avere il tuo sostegno, che cosa facciamo, come lo facciamo?

Mi piacciono. Ho sentito i loro discorsi. E non parlano di lavoro. Non parlano di Cina. Quando è stata l'ultima volta che avete sentito: "La Cina ci sta uccidendo?". Stanno svalutando la loro moneta a un punto tale che non credereste; rende impossibile alle nostre aziende competere. Impossibile. Ci stanno uccidendo, ma non sentirete questo da nessun altro.

Ho assistito ai dibattiti e loro dicono: "Il sole sorgerà, la luna tramonterà. Accadrà ogni sorta di cose meravigliose". Mentre la gente dice: "Che succede? Io voglio solo un lavoro. Non mi serve la retorica, voglio solo un lavoro". E le cose peggioreranno, perché – ricordatevene – l'Obamacare colpirà veramente nel 2016.

Obama sta per andarsene a giocare a golf. Potrebbe persino farlo su uno dei miei campi; io lo inviterei. Possiedo i migliori campi da golf del mondo. Così sapete che vi dico? Se vuole, ne ho uno proprio vicino alla Casa Bianca, proprio sul Potomac; se vuole giocare, va bene. In realtà mi piacerebbe se ne andasse prima a giocare. Sarebbe proprio una bella cosa. Ma nel 2016 l'Obamacare entrerà in gioco e sarà distruttivo come neanche lo immaginiamo.

I medici se ne stanno andando. Ho un amico che fa il dottore e mi ha detto l'altro giorno: "Donald, non ho mai visto una cosa del genere. Ho più contabili che infermiere. È un disastro. I miei pazienti sono fuori dai gangheri. Avevano un piano sanitario che funzionava. Ora non hanno più un piano"[24].

Dobbiamo revocare l'Obamacare e deve essere sostituito con qualcosa di molto meglio per tutti. Che sia per tutti, ma molto migliore e meno costoso per le persone e il governo. E possiamo farlo.

Quindi ho guardato i politici. Ho trattato con loro per tutta la mia vita. Se non puoi fare un buon accordo con un politico, allora in te c'è qualcosa che non va. Di sicuro c'è qualcosa che non va e noi ce l'abbiamo chiaro in mente.

Loro non faranno mai tornare l'America grande. Non hanno neanche una possibilità di riuscirci. Sono completamente controllati dai lobbisti, dai finanziatori e dagli interessi particolari.

Ehi, io ho dei lobbisti. Ve lo devo dire, ho dei lobbisti che possono fare di tutto per me. Sono bravissimi. Però sapete cosa? Non succederà. Non succederà perché dobbiamo smettere di fare cose solo per qualcuno, cose che però stanno distruggendo questo paese. Dobbiamo fermarci ora.

Il nostro paese ha bisogno di un leader veramente grande ora. Abbiamo bisogno di un leader che abbia scritto *The Art of The Deal*[25]. Abbiamo bisogno di un leader che riporti indietro i nostri posti di lavoro, la nostra produzione, le nostre forze armate e che si prenda cura dei nostri veterani, che sono stati abbandonati. E abbiamo anche bisogno di un "cheerleader", un promotore.

Quando il presidente Obama fu eletto, dissi: "Bene, una cosa penso farà bene; penso che sarà un grande promotore per il paese. Penso che sarà un grande animatore". Era attivo, era giovane. Pensavo veramente che sarebbe stato un grande cheerleader.

È vero che non è un leader. Avete ragione al riguardo. Ma non è stato neanche un cheerleader. In realtà è stato una forza negativa. Non è stato un promotore, ma l'opposto.

Abbiamo bisogno di qualcuno che possa prendere il brand Stati Uniti e renderlo di nuovo grande. Ora non è grande.

Abbiamo bisogno di qualcuno che letteralmente prenda questo paese e lo renda di nuovo grande. Possiamo farlo.

E, ve lo devo dire, io amo la mia vita. Ho una famiglia meravigliosa. E mi dicono: "Papà, stai per fare qualcosa di così difficile". Sapete, per tutta la mia vita ho sentito dire che una persona che abbia avuto veramente successo – o anche solo un po' di successo – non può correre per una carica pubblica. Semplicemente non può accadere. Invece sì, è il genere di atteggiamento che bisogna avere per rendere di nuovo grande questo paese.

Quindi, signore e signori, ora corro ufficialmente per la presidenza degli Stati Uniti e renderemo di nuovo grande il nostro paese. Può succedere. Il nostro paese ha un potenziale enorme. Noi abbiamo un potenziale enorme.

Abbiamo persone che non lavorano. Abbiamo persone che non hanno incentivi a lavorare. Ma li avranno, perché il programma sociale più importante è un lavoro. E saranno orgogliosi, lo ameranno e faranno più denaro di quanto ne abbiano mai fatto. E lo faranno così bene che noi prospereremo come nazione. Può succedere.

Sarò il presidente del lavoro più grande che Dio abbia mai creato, vi dico questo. Riporterò indietro i nostri lavori dalla Cina, dal Messico, dal Giappone, da tanti altri posti. Riporterò indietro i nostri lavori, e riporterò i nostri soldi.

Proprio ora – pensateci – dobbiamo alla Cina 1300 miliardi di dollari[26]. Dobbiamo al Giappone ancora di più. Quindi arrivano, prendono i nostri lavori, prendono il nostro denaro, e poi ce lo prestano e noi paghiamo un interesse. Così il dollaro sale, e il loro affare è ancora migliore.

Quanto sono stupidi i nostri leader? Quanto sono stupidi questi politici che consentono che accada tutto questo?

Vi racconterò un paio di storie sul commercio, perché io sono totalmente contrario alle leggi sul commercio per un certo numero di ragioni.

Numero uno: le persone che negoziano gli accordi non ci capiscono nulla. Il nostro presidente non ci capisce nulla. È un pessimo negoziatore. È lui che ha fatto l'accordo per Bergdahl[27]. Noi abbiamo Bergdahl; loro hanno cinque killer terroristi che tutti volevano lì. Noi abbiamo un traditore buono a nulla e loro cinque persone che volevano da anni. E ora queste persone sono di nuovo sul campo di battaglia e tentano di ucciderci. Ecco il nostro negoziatore.

Prendiamo l'accordo che sta stipulando con l'Iran. Se lo firma, può essere che Israele poco dopo non esisterà più. È un disastro e noi dobbiamo proteggere Israele.

Io sono un sostenitore del libero scambio, ma con il libero scambio il problema è che ci vogliono persone con molto talento per negoziare per noi. Se non avete persone di talento, se non avete una grande leadership, se non avete persone che conoscono il business – non semplicemente un ronzino politico che ha ottenuto il lavoro perché ha contribuito a una campagna, che è il modo in cui si ottengono tutti gli incarichi di questo tipo – il libero commercio è tremendo.

Il libero commercio può essere meraviglioso se avete persone intelligenti. Ma noi abbiamo degli stupidi. Abbiamo persone che non sono intelligenti, sono controllate da interessi particolari, e questo non funzionerà.

La Cina arriva e ci scarica tutta la sua roba. La compro perché, francamente, sono obbligato dato che svalutano la loro moneta in modo così brillante. Lo hanno fatto di recente e nessuno credeva potessero farlo di nuovo; ma con tutti i nostri problemi con la Russia, e tutto il resto, lo hanno rifatto. Ed è impossibile per la nostra gente competere. Quindi eccovi un paio di storie accadute di recente.

Un mio amico è un grosso produttore. Mi chiama un paio di settimane fa. È molto arrabbiato.

Gli dico: "Qual è il tuo problema?".

Risponde: "Sai che faccio un ottimo prodotto".

Dico: "Lo so, perché lo compro".

E lui dice: "Non posso portarlo in Cina. Non lo accettano. Ho spedito una nave e loro l'hanno rimandata indietro, veramente. Hanno parlato di problemi con l'ambiente, hanno parlato di ogni genere di sciocchezza che non aveva niente a che fare con il prodotto".

Io dico: "Ehi, aspetta un attimo, è terribile. Qualcuno lo sa?".

Lui risponde: "Lo fanno sempre anche con altri".

Io dico: "Lo rimandano indietro?".

Lui dice: "Già, poi alla fine sono riuscito a farlo arrivare, ma mi hanno caricato un'imposta molto alta".

"Non dovrebbero fare cose di questo genere. È una storia terribile, odio doverla sentire."

La gente dice "Oh, non ti piace la Cina". No, io la amo, ma i leader di quel paese sono molto più intelligenti dei nostri. E non possiamo farcela così.

Ora, loro caricano imposte quando noi mandiamo là camion e altre cose. Chiedete a Boeing. Prima di acconsentire a comprare aerei da Boeing hanno voluto tutti i loro brevetti e i loro segreti.

Ehi, non sto dicendo che sono stupidi. Mi piace la Cina. Ho appena venduto un appartamento per 15 milioni di dollari a qualcuno che viene da lì. Come fanno a non piacermi?

Io possiedo un bel pezzo dell'edificio della Bank of America al 1290 di Avenue of Americas [New York, *N.d.t.*] che ho comprato dalla Cina. Vale molto. Io amo la Cina.

La banca più grande del mondo è cinese. Sapete dove si trova il suo quartier generale negli Stati Uniti? Qui, nella Trump Tower.

C'è però troppa disparità. È come... prendete i New England Patriots e Tom Brady e metteteli a giocare con la vostra squadra del liceo. Ecco la differenza tra i leader della Cina e i nostri.

Ci stanno facendo a pezzi. Noi stiamo ricostruendo la Cina. Stiamo ricostruendo molte nazioni.

La Cina ha avuto strade, ponti, scuole. Non si è mai vista una cosa del genere. Hanno ponti che fanno sembrare il George Washington Bridge un modellino. E sono dappertutto. Noi abbiamo tutte le carte, ma non sappiamo come usarle. Non sappiamo neanche di averle, le carte, perché i nostri leader non comprendono il gioco.

Dobbiamo chiudere quel rubinetto imponendo loro tasse finché non cominceranno a comportarsi bene.

Ora stanno costruendo un'isola militare nel bel mezzo del mare della Cina del sud, un'isola militare[28]. Noi non potremmo mai fare una cosa del genere perché dovremmo avere i permessi per l'ambiente, e gli ambientalisti non ce lo lascerebbero fare. Non saremmo mai in grado di costruire nel mezzo di un oceano.

Loro l'hanno costruito in circa un anno, questo porto militare imponente. Stanno rinforzando i loro corpi armati in modo veramente spaventoso.

Avete un problema con l'ISIS, ma avete un problema ancora più grande con la Cina.

E secondo me la nuova Cina, credetemi o no, in termini di commercio è il Messico.

Ho un'altra storia: Ford. Allora, il Messico prende una casa automobilistica che stava per costruire in Tennessee e la porta via.

Come ha scritto il *Wall Street Journal* di recente, tutti pensavano che l'accordo fosse salvo. Tutti pensavano che fosse un accordo fatto. Si sta avviando, si farà, si farà in Tennessee: bello stato, bella gente. All'improvviso, all'ultimo momento, questo grande produttore di auto annuncia che non andranno in Tennessee: spenderanno i loro miliardi di dollari in Messico. Non va bene.

Ford ha annunciato qualche settimana fa che stanno per costruire un impianto di produzione di parti per auto e camion in Messico, del valore di 2,5 miliardi di dollari. Sarà uno dei più grandi del mondo[29].

Io conosco i migliori negoziatori del mondo. So quali sono quelli buoni, quelli cattivi e quelli sopravvalutati.

Ce ne sono un sacco sopravvalutati. Hanno una buona reputazione perché confondono i giornali. Ma non sono bravi. Io conosco i migliori negoziatori del mondo e ne metterei uno per nazione. Credetemi, gente, ce la caveremmo molto, molto bene.

Io però non perderei neanche tempo con uno di questi. Chiamerei il capo di Ford, che conosco. Se fossi presidente, gli direi: "Congratulazioni! Ho saputo che stai costruendo una fabbrica da 2,5 miliardi di dollari in Messico e che prenderai le auto da lì per venderle negli Stati Uniti. Zero tasse, appena oltre la frontiera".

Voi pensate: "Come ci aiuta tutto questo? Che cosa c'è di buono?". Non c'è nulla di buono. Io direi: "Congratulazioni, questa è la buona notizia. Ora ti dico la cattiva: stiamo per tassare del 35 per cento ogni macchina, ogni camion e ogni ricambio prodotto in questo impianto che attraverserà la frontiera. E questa tassa dovrà essere pagata al momento del passaggio. Ecco tutto".

Se invece non ci fossi io in carica, se ci fosse uno di questi politici contro cui stiamo correndo, ecco che cosa succederebbe. Non sono così stupidi. Sanno che non è un bene. E potrebbero persino essere arrabbiati, ma poi riceverebbero una telefonata dai loro finanziatori, o probabilmente dai lobbisti di Ford che direbbero: "Non puoi fare questo a Ford, perché Ford si prende cura di me, e io di te, e tu non puoi fare questo a Ford".

E sapete che c'è? Nessun problema. Costruiranno in Messico, e si porteranno via migliaia di lavori. Questo per noi è molto male. Quindi sotto il presidente Trump ecco che cosa accadrebbe: il capo di Ford mi richiamerebbe, diciamo, entro un'ora dopo la brutta notizia, ma può essere che voglia fare il fico e mi richiami il giorno dopo.

E dirà: "Per favore, per favore, per favore". Supplicherà per un po' e io dirò: "Mi spiace, non mi interessa".

Poi chiamerà ogni tipo di politico, e io dirò: "Mi spiace ragazzi, non mi interessa". Perché io non ho bisogno del denaro di nessuno. È bello. Per la campagna sto usando il mio denaro personale. Non sto usando lobbisti. Non sto usando finanziatori. Non mi importa. Io sono veramente ricco. E, per inciso, non lo dico per vantarmi. Questo è il genere di mentalità, il genere di pensiero che vi serve per questo paese. Perché noi faremo diventare ricca questa nazione.

Sembra grossolano. Qualcuno ha detto: "Oh, questo è grossolano". Non lo è. Abbiamo accumulato 18.000 miliardi di dollari di debiti[30]. Non abbiamo ottenuto nulla se non problemi. Abbiamo un esercito che ha bisogno di equipaggiamenti. Abbiamo armi nucleari che sono obsolete. Non abbiamo nulla. Abbiamo una previdenza sociale che finirà per essere distrutta se nessuno come me porterà denaro nel paese. Tutta questa altra gente vuole tagliare il più possibile. Io non voglio tagliare nulla. Voglio far arrivare del denaro e noi lo risparmieremo.

Ecco quello che succederà. Dopo che una trentina di amici che hanno contribuito a campagne diverse mi chiameranno, dopo che mi chiameranno tutti i rappresentanti degli interessi particolari, dei finanziatori e dei lobbisti, nessuno avrà la possibilità di convincermi. Nessuna possibilità.

Il giorno dopo riceverò una chiamata dal capo della Ford che dirà: "Per favore ci ripensi".

Io dirò: "No".

Lui dirà: "Signor presidente, abbiamo deciso di riportare lo stabilimento negli Stati Uniti. Non lo costruiremo in Messico".

Ecco tutto. Non avranno scelta. Ci sono centinaia di situazioni come questa.

Vi faccio un altro esempio. L'Arabia Saudita. Fanno un miliardo di dollari al giorno. Io amo i sauditi. In questo edificio ce ne sono molti. Ogni volta che hanno un problema, noi mandiamo le navi. Li stiamo proteggendo gratis[31].

Che cosa stiamo facendo? Non hanno altro che il denaro. Se la persona giusta glielo chiedesse, pagherebbero una fortuna. Non sarebbero qui se non fosse per noi.

Pensate alla frontiera con lo Yemen[32]. Ricordate che un anno fa Obama disse che lo Yemen era una grande vittoria. Due settimane dopo il posto è saltato in aria.

E si sono tenuti i nostri equipaggiamenti. Si tengono sempre i nostri equipaggiamenti. Dovremmo mandargli quelli usati, giusto? Si tengono sempre i nostri equipaggiamenti, allora dobbiamo mandare della vera spazzatura, quello che avanza. Ogni volta perdiamo quella stupenda roba nuova di pacca.

Ma guardate quella frontiera con l'Arabia Saudita. Credete veramente che quelle persone siano interessate allo Yemen? Senza di noi l'Arabia Saudita è finita.

Io sono quello che ha fatto tutte le previsioni giuste sull'Iraq. Guardate Jeb Bush: gli ci sono voluti cinque giorni per rispondere alla domanda sull'Iraq. Non poteva rispondere. Non lo sapeva[33].

Ho detto: "È intelligente?". Poi ho guardato Marco Rubio. Non poteva rispondere alla domanda. Non lo sapeva.

Come potranno guidarci queste persone? Come possiamo tornare indietro ed essere di nuovo grandi? Non possiamo. Non ne hanno idea. Non possono guidarci. Non possono. Non riescono neanche a rispondere a una semplice domanda.

L'Arabia Saudita è in guai seri, molto seri. Ora, grazie al fracking e ad altre cose, il petrolio è ovunque. E come ho detto spesso, c'erano navi in mare – questo accadeva nel momento peggiore della crisi – che erano cariche di petrolio. Il cartello ha tenuto i prezzi alti perché, ancora una volta, sono stati più furbi dei nostri leader. Là fuori c'è così tanta ricchezza che possiamo far tornare ricco il nostro paese, e renderlo di nuovo grande.

Abbiamo bisogno di denaro. Stiamo morendo. Dobbiamo farlo, e abbiamo bisogno della gente giusta, così Ford tornerà indietro, tutti torneranno indietro. E vi dirò questo: secondo me questa sarà un'elezione basata sulla competenza.

L'altro giorno qualcuno, un reporter molto per bene, mi ha detto: "Mr. Trump, lei non è una persona per bene". Ma in realtà lo sono. Penso di essere una persona per bene. Piaccio alla mia famiglia? Credo di sì. Guardate la mia famiglia. Io ne sono fiero, a proposito. Parlando della mia famiglia – Melania, Barron, Kai, Donny, Dunn, Vanessa, Tiffany, Jarrett, Laura ed Eric – Ivanka ha fatto un gran bel lavoro oggi presentandomi. Sono molto orgoglioso della mia famiglia. Sono una grande famiglia.

Quindi l'altro giorno il reporter mi ha detto: "Mr. Trump, lei non è una persona per bene. Come potrà convincere gli elettori a votarla?".

Ho risposto: "Non lo so. Numero uno: credo di essere una persona per bene. Do via un sacco di denaro in beneficenza e altre cose". Credo di essere veramente una persona per bene, ma dico: "Questa sarà un'elezione basata sulla competenza. Perché la gente è stanca di queste persone per bene, ed è stanca di essere fatta a pezzi da chiunque nel mondo, ed è stanca di spendere più denaro pro capite in istruzione di ogni altra nazione al mondo"[34].

E siamo ventiseiesimi al mondo. Venticinque paesi sono meglio di noi in istruzione, e alcuni di loro appartengono al terzo mondo. Ma noi stiamo diventando un paese del terzo mondo a causa della nostra infrastruttura, i nostri aeroporti, le nostre strade, tutto. Quindi una delle cose che ho fatto, e ho detto, è: "Sapete che farò? Lo farò". E un sacco di gente ha detto: "Non correrà mai. Innanzitutto, non abbandonerà mai il suo stile di vita". Su questo hanno ragione, ma lo sto facendo.

Numero due, io possiedo una società a capitale privato, quindi nessuno sa quanto sono ricco. E quando correte dovete dichiarare e certificare il vostro patrimonio netto a ogni genere di autorità governativa. Quindi ho detto: "Ok, sono orgoglioso del mio patrimonio". Ho fatto un lavoro straordinario.

Ho iniziato con un piccolo ufficio insieme a mio padre a Brooklyn e nel Queens. Lui era un grande negoziatore. Ho imparato così tanto quando giocavo con le costruzioni ai suoi piedi mentre lui trattava con i subappaltatori. Ho imparato molto. "Donald, non andare a Manhattan. Lì ci sono i pesci grossi. Noi non ne sappiamo nulla. Non farlo."

Io però ho risposto: "Papà, devo andare a Manhattan. Devo costruire quegli edifici. Devo farlo, papà, devo farlo". E dopo quattro o cinque anni a Brooklyn mi sono avventurato a Manhattan e ho stipulato dei grandi contratti: l'hotel Grand Hyatt; ero anche responsabile per il centro congressi nel West Side.

Ho stipulato un sacco di grandi contratti e l'ho fatto quando ero giovane, e ora costruisco in tutto il mondo. E amo quello che faccio. Però un sacco di guru della televisione hanno detto: "Donald non correrà mai, e una delle ragioni principali è che non ha il successo che tutti pensano".

Quindi mi sono detto: "Nessuno lo saprà mai a meno che tu non corra, perché io sono molto orgoglioso del mio successo, veramente". Ho dato da lavorare a decine di migliaia di persone nella mia vita. Ciò significa medicina, istruzione, significa tutto[35].

Quindi una grande azienda di revisione e i miei contabili hanno lavorato per mesi, perché io sono grande e complicato, e hanno messo insieme un bilancio. Si tratta di un riassunto, ma alla fine tutto verrà depositato al governo. E non abbiamo bisogno di proroghe o cose simili, tutto sarà depositato in tempo. Ieri se ne è parlato in modo non corretto, perché hanno detto che possiedo beni per 9 miliardi di dollari.

Ho detto: "No, quello è il numero sbagliato. Quello è il numero sbagliato, non solo in beni".

Quindi l'hanno messo assieme, e prima di parlarne vi devo dire questo: ho fatto le cose all'antica. Si tratta di proprietà immobiliari. Si tratta di lavoro e sindacati – buoni e a volte cattivi – e di un sacco di persone che non fanno parte di sindacati; riguarda edifici e spazi in tutto il mondo. Io possiedo beni – una grande azienda di revisione, una delle più rispettate – per 9,24 miliardi di dollari, e passività per circa 500 milioni, sotto forma di debiti a lungo termine a un tasso di interesse molto basso.

In realtà, una grande banca è venuta da me e mi ha detto: "Donald, non hai abbastanza prestiti, possiamo darti 4 miliardi di dollari?". Io ho risposto: "Non ne ho bisogno. Non li voglio. Ci sono passato. Non li voglio".

In due secondi mi hanno dato quello che volevo. Quindi ora ho un patrimonio netto totale – non solo beni – di 8.737.540.000 dollari, che ora saranno ben al di sopra dei 10 miliardi.

Non lo dico per vantarmi, sapete, perché non ne ho bisogno. Credeteci o no, non ne ho bisogno. Lo faccio per dire che questo è il genere di pensiero di cui ha bisogno il nostro paese. Abbiamo bisogno di questo modo di pensare. Ora abbiamo quello opposto.

Abbiamo dei perdenti. Abbiamo persone che non ce l'hanno. Abbiamo persone moralmente corrotte. Abbiamo persone che stanno buttando a mare questa nazione.

Quindi ho messo insieme questo bilancio, e l'unica ragione per cui ve ne sto parlando oggi è perché dobbiamo darci da fare, perché se passeranno altri tre o quattro anni in questo modo – sapete oggi siamo a 18.000 miliardi di dollari di debito – presto arriveremo a 20.000.

Secondo gli economisti, in cui non credo molto, ma comunque dicono questo, siamo molto vicini al punto di non ritorno: 24.000 miliardi[36]. Presto ci arriveremo. Allora diventeremo la Grecia. Diventeremo una nazione che non può essere salvata. E accadrà molto presto. Ci arriveremo molto presto.

Quindi, per riassumere, farei diverse cose molto rapidamente.

Abolirei e sostituirei la grande bugia: l'Obamacare.

Costruirei un lungo muro – e nessuno lo fa meglio di me, credetemi, e molto economicamente – alle nostre frontiere meridionali. E farei pagare il Messico per quel muro. Segnatevi le mie parole.

Nessuno sarebbe altrettanto duro con l'ISIS di Donald Trump, nessuno.

Troverei tra i militari il nostro generale Patton o MacArthur. Troverei il tizio che può prendere l'esercito e farlo funzionare per davvero. Nessuno ci prenderebbe in giro.

Impedirei all'Iran di avere armi nucleari. E non utilizzerei un uomo come il Segretario di stato Kerry che non ha assolutamente alcuna idea della negoziazione, che sta stipulando un accordo orribile e ridicolo, che viene menato per il naso mentre loro stanno costruendo armi proprio ora, e poi si butta in una corsa in bicicletta a 72 anni, cade e si rompe una gamba. Non lo farei. E prometto che non parteciperò mai a una corsa in bicicletta. Questo vi posso dire[37].

Fermerei immediatamente l'ordine esecutivo illegale del presidente Obama sull'immigrazione[38].

Sosterrei in modo totale il Secondo Emendamento.

Due efferati assassini sono sfuggiti da una prigione molto sicura grazie alla stupidità, e ora nessuno sa dove sono[39]. Una donna che vive nella zona della prigione era in televisione stamattina, e ha detto: "Sa, Signor Trump, sono sempre stata contro le armi. Non volevo armi. E ora, da quando è accaduto tutto questo, io e mio marito siamo finalmente d'accordo, perché lui voleva le armi. Ora abbiamo un'arma su ogni tavolo. Siamo pronti ad aprire il fuoco".

Ho detto: "Molto interessante".

Quindi difendo il Secondo Emendamento.

Fermiamo il programma Common Core[40] [per l'insegnamento standard in tutti gli Stati Uniti, *N.d.t.*]. L'istruzione deve essere locale. Bush è completamente a favore del Common Core.

Non vedo proprio come lui possa ottenere la nomination. È debole sull'immigrazione. È a favore del Common Core. Come diavolo potete votare per questo tizio? Non potete proprio farlo.

Ricostruire l'infrastruttura del paese. Nessuno può farlo bene quanto me. Credetemi, sarà fatto in tempo, nel budget, riducendo i costi più di quanto chiunque abbia mai immaginato.

Ho guardato le strade che vengono costruite in tutto il paese e dico che posso costruire quelle cose a un terzo. Quello che fanno è incredibile. Quanto è fatto male?

Stiamo costruendo sulla Pennsylvania Avenue, il vecchio ufficio postale, e lo stiamo convertendo in uno dei più grandi hotel del mondo[41]. Sarà il miglior hotel di Washington DC. Lo abbiamo acquistato dalla General Services Administration di Washington. L'amministrazione di Obama. È stato il – o uno dei – progetti più seguiti nella storia della General Services.

Ce l'abbiamo fatta. Le persone erano scioccate che Trump ce l'avesse fatta. Bene, l'ho avuto per due ragioni. Numero uno: siamo molto bravi. Numero due, avevano un piano molto buono. E ne aggiungerei una terza: avevamo un bilancio eccezionale. Perché quelli della General Services, che sono tremendi – a proposito – e di gran talento, volevano fare un gran lavoro. E volevano essere sicuri che venisse costruito.

Quindi dobbiamo ricostruire la nostra infrastruttura, i nostri ponti, le nostre strade, i nostri aeroporti.

Venite all'aeroporto LaGuardia ed è come arrivare in un paese del terzo mondo. Date un'occhiata alle pezze nel pavimento che ha quarant'anni[42].

Io ritorno dalla Cina, dal Qatar, da tanti posti diversi, e tutti hanno i più incredibili aeroporti del mondo Arrivate in questo paese e avete il LAX [l'aeroporto di Los Angeles, *N.d.t.*], un disastro. Avete tutti questi aeroporti disastrosi. Dobbiamo ricostruire la nostra infrastruttura.

Salvare Medicare, Medicaid e l'assistenza sanitaria senza tagli. Dobbiamo farlo.

Eliminare le frodi, eliminare gli abusi e gli sprechi, ma salvarle. Le persone hanno pagato per anni, e ora molti candidati vorrebbero tagliarle. Si salvano rendendo di nuovo ricchi gli Stati Uniti, riportando indietro tutto il denaro che è andato perso.

Rinegoziare i nostri accordi per il commercio estero.

Ridurre i nostri 18.000 miliardi di dollari di debito; credetemi siamo in una bolla. Abbiamo tassi di interesse artificialmente bassi. Abbiamo un mercato azionario che, francamente, mi ha fatto del bene, ma comunque odio vedere quello che sta accadendo. Abbiamo un mercato azionario gonfiato. State attenti alle bolle, perché quello che avete visto in passato potrebbe essere poca cosa rispetto a quello che potrebbe accadere in futuro. Quindi state molto, molto attenti.

E poi rinforzare le forze armate e prendersi cura dei veterani. Tanto, tanto importante.

È triste, ma il sogno americano è morto. Però se sarò eletto presidente lo riporterò indietro più grande, migliore e più forte che mai, e renderemo di nuovo grande l'America.

Grazie tante.

1
Trump e la politica

ABORTO

Ci sono cose che credo non possano mai essere negoziate. Mettiamola in questo modo: io sono provita, e chi è provita scoprirà che saprò essere molto leale nei suoi confronti, così come sono leale anche verso altri. Nominerei dei giudici che la pensano allo stesso modo.

"Michael Barbaro, CITY ROOM. Trump on Abortion, Swearwords and Handshakes", *New York Times*, 3 maggio 2011

Come sottolineano i critici, la posizione di Trump sull'aborto è cambiata dall'essere a favore della libertà di scelta a diventare un sostenitore della vita quando la questione ha cessato di essere astratta ed è diventata personale. Come ha spiegato a David Brody di *The Brody File* (CBN News, blog, 8 aprile 2001): "Una cosa su di me. Io sono un tipo molto rispettabile. Sono provita, ma ho cambiato idea diversi anni fa. Una delle ragioni per cui ho cambiato... la moglie di un mio amico era incinta, in quel caso sposata. Era incinta e lui non voleva davvero il bambino. E mi stava raccontando la storia. Piangeva mentre me la raccontava. Alla fine lo ha avuto e ora è la luce dei suoi occhi. È la cosa migliore che gli sia mai capitata. E c'è un bambino a cui non sarebbe stato permesso di venire al mondo. Ho sentito questa e altre storie, e sono provita... [Le storie] mi hanno cambiato. Sì, hanno cambiato la mia opinione su questo, assolutamente".

AMARE LE DONNE

Per me le questioni sulla salute femminile sono molto importanti. Io amo le donne. Voglio dire, mia madre era una donna incredibile. Io ho delle figlie eccezionali. Ho una moglie eccezionale. Amo le donne. Comprendo la loro importanza. Ho un enorme rispetto per le donne. Nella mia organizzazione ho molti dirigenti donne che, francamente, vengono pagate molte volte di più di quelli maschi. Hanno realizzato molto con me. Quando stavo costruendo gli edifici più grandi, avevo delle donne che ne seguivano un paio. Molto grandi e molto importanti. E questo era un fatto inaudito nelle costruzioni edili. Se guardiamo indietro di trent'anni, di questo stiamo parlando, era completamente inaudito. Quindi io comprendo le donne, e i problemi di salute femminili sono veramente importanti per me. Se guardate Jeb Bush la settimana scorsa praticamente stava dicendo: "Non destiniamo denaro alle questioni sanitarie femminili", ha fatto così tanti pasticci che proprio non lo capisco.

Chris Cillizza, "Donald Trump on *Meet the Press*, annotated", washingtonpost.com, 17 agosto 2015

AMERICA, UNA DISCARICA

Quando il Messico manda la sua gente, non sta mandando i migliori... Stanno mandando persone che hanno un sacco di problemi, e li portano da noi. Portano la droga, portano il crimine. Sono stupratori. E alcuni, penso, sono brave persone.

"Donald Trump: 'Our Country Needs a Truly Great Leader'", Washington Wire, *Wall Street Journal*, 16 giugno 2015

In un'intervista successiva a Katy Tur di NBC, Trump ha chiarito i suoi commenti: "Ho molti immigrati legali che lavorano con me. E molti di loro vengono dal Messico. Mi amano, e io li amo. Creerò lavoro e i latini avranno lavori che non hanno. Farò meglio di chiunque altro per questo voto; mi guadagnerò questo voto".

I voti degli immigrati latini sono fondamentali per Trump e il partito repubblicano se vogliono vincere le elezioni. Come ha sottolineato il *Los Angeles Times*: "Se sperano di vincere le elezioni alla Casa Bianca, i repubblicani probabilmente avranno bisogno di una grande percentuale dei voti dei latini. Nel 2012, il candidato repubblicano Mitt Romney convinse circa sei elettori bianchi su dieci, ma perse le elezioni perché gli afroamericani, i latini, gli asiatici e le altre minoranze etniche votarono in massa per il presidente Obama. Romney si guadagnò solo il 27 per cento dei voti latini, secondo gli exit poll. Con il paese che sta diventando sempre meno bianco, la maggioranza degli strateghi repubblicani crede che, per mirare alla presidenza, il partito debba migliorare in modo significativo i risultati di Romney tra i latini" (Kate Linthicum, "Donald Trump's comments offend many U.S. Latinos, but not all", *Los Angeles Times*, 23 luglio 2015).

APPEAL E CREDIBILITÀ

Vedono qualcuno che sta per ribaltare questo paese, qualcuno che ha la capacità di rivoltare questa nazione. Sono stanchi dell'incompetenza. Quando vedrete il mio bilancio patrimoniale, ne rimarrete molto impressionati. Ecco perché è importante. Diciamo che io valga 10 dollari. La gente direbbe: "Chi [imprecazione] sei?". Capite? Conoscono il mio bilancio. La mia ricchezza. Il mio libro *The Art of the Deal*, basato sulla mia ricchezza. Se non avessi fatto una fortuna, chi [imprecazione] comprerebbe *The Art of the Deal*? Ecco perché guardano *The Apprentice*, per il mio grande successo.

Robert Costa, "Listening to Donald Trump Swear and Talk Politics on his Private Plane", *Washington Post*, 12 luglio 2015

Come ha detto a *Playboy* nel marzo 1990, un tema costante della vita di Trump è: "Non voglio diventare presidente. Ne sono sicuro al 100 per cento. Cambierò idea solo se vedrò il paese affondare sempre di più". Questo venticinque anni fa. Secondo la valutazione di Trump, non c'è dubbio che il paese abbia continuato la sua discesa verso il basso, forzandogli la mano.

A prescindere dall'appartenenza di partito, il successo innegabile di Trump come uomo d'affari è l'elemento che più lo differenzia dagli altri aspiranti alla presidenza. Come ha fatto notare Jeremy Diamond della CNN: "Sfoggia la sua ricchezza e il successo come un elemento centrale della sua piattaforma presidenziale... Ha sottolineato che non solo la sua ricchezza e il successo della sua carriera di business lo qualificano per essere presidente... ma che gli consentirebbero di liberarsi di quegli interessi particolari che a suo dire controllano la politica americana" ("Donald Trump jumps in", 17 giugno 2015).

ARABIA SAUDITA

Trump: Ho delle persone. Posso mandare due persone in una stanza. Una torna con il bacon, l'altra no. La stessa cosa. Proteggiamo l'Arabia Saudita. Abbiamo dei soldati là, per cui non ci pagano, a proposito. Abbiamo dei soldati in tutto il Medio Oriente, che proteggono quelle nazioni. Se ci ritiriamo, guardate quello che è accaduto in Kuwait. Ci siamo ritornati, lo abbiamo ripreso e l'abbiamo dato a quei soggetti. Glielo abbiamo dato e ora loro non vogliono investire negli Stati Uniti, perché il loro ritorno non è abbastanza buono. Sta tutto nel modo in cui viene detto. Abbiamo dei soldati là. Li proteggiamo. Se non ci fossimo loro cadrebbero. Potrebbero cadere comunque.

George Stephanopoulos: Quindi lei minaccerebbe di togliere quella protezione?

Trump: Assolutamente. Assolutamente. Lasciate che vi dica una cosa. Il prezzo del greggio potrebbe scendere, perché il mondo è pieno di greggio. Navi nel bel mezzo del mare. Non sanno dove scaricarlo. E l'Arabia Saudita dice: "Oh, c'è troppo greggio"... Avete visto i rapporti? Vogliono ridurre la produzione di greggio. Pensate che siano nostri amici? Non sono nostri amici.

George Stephanopoulos, intervista a Donald Trump,
ABC News, 19 aprile 2011

ARMI NUCLEARI

Credo che abbiamo bisogno di una protezione potente e, sfortunatamente, quella protezione è il nucleare. Oggi non è solo questione di avere milioni di soldati. Avete bisogno della protezione perché ce l'ha anche la Corea del Nord... L'Iran sta per averla, il Pakistan ce l'ha, l'India ce l'ha. L'India è un po' più dalla nostra parte di tutti gli altri, ma la gente sta ottenendo il nucleare, e la Russia ha i suoi armamenti e la Cina li ha. Un mese fa Putin lo ha detto, e io sono rimasto scioccato nel sentirlo; la prima volta che l'ho sentito da una potenza di quel genere. Essenzialmente ha detto non mettetevi contro di noi, perché abbiamo le armi nucleari. Ve lo ricordate?

Hugh Hewitt, "Donald Trump on Things 2016",
hughhewitt.com, 3 agosto 2015

Trump non è d'accordo sul trattato stipulato da Obama con l'Iran riguardante le armi nucleari. Come ha detto ai giornalisti: "Questo accordo avvia una corsa all'armamento nucleare nel Medio Oriente, che è la regione più instabile del mondo. Si tratta di un evento orribile, e forse catastrofico, per Israele" (teaparty.org, 14 luglio 2015).

ASSASSINIO A SAN FRANCISCO

Quell'uomo – o meglio quell'animale – che ha sparato a quella meravigliosa donna a San Francisco, quel tizio è stato buttato fuori dal Messico. Noi li riportiamo indietro, e loro ce li rimandano qui. Il Messico rimanda attraverso le frontiere individui che sono criminali, spacciatori. Stanno causando problemi enormi. In termini di crimine, di assassini, di stupri... se qualcuno è un immigrato illegale, non dovrebbe essere qui affatto. Non dovrebbe esserci alcun crimine. Non è previsto che si trovino nel nostro paese. E non sto parlando solo del Messico... E quando si parla di cittadinanza, la maggior parte della discussione riguarda lo status legale. Ma lasciatemelo dire, ancora prima di cominciare a pensare a questo, dobbiamo costruire un... muro, un muro vero. Un muro che le persone non possano attraversare.

Susan Jones, "Jan Brewer: Donald Trump 'Telling It Like It Really, Truly Is'", cnsnews.com, 9 luglio 2015

L'"animale" a cui si riferisce Trump è Juan Francisco Lopez Sanchez, un immigrato illegale che è stato espulso cinque volte. Con quattro condanne legate alla droga e diciassette anni di prigione per ingresso illegale negli Stati Uniti, Sanchez è accusato di aver sparato a Kathryn Steinle, su un molo di San Francisco. Sostiene di aver trovato una pistola arrotolata in una camicia sul molo e che il colpo è partito accidentalmente quando ha raccolto l'arma (che è stata fatta risalire a un agente federale USA). Ha affermato di essere innocente.

La governatrice dell'Arizona Jan Brewer ha elogiato Trump per la sua attenzione al problema dell'immigrazione illegale.

In un'intervista a Don Lemon di CNN, l'8 luglio 2015, ha detto: "Credo che il signor Trump sia il tipo di persona che dice le cose come stanno veramente. Sapete, essendo il governatore dell'Arizona, la porta dell'immigrazione illegale, per sei anni ho avuto a che fare con ogni genere di cosa. Credo che la gente dell'Arizona abbia capito che abbiamo pagato il conto per la maggior parte della violenza che viene da oltre frontiera, e in particolare per i cartelli della droga, i contrabbandieri e il sovraffollamento degli immigrati nelle case. È stato tremendo. E, ovviamente, hanno attraversato l'Arizona per finire negli altri stati e disperdersi nel paese".

ASSISTENZA SANITARIA

Sono anche un moralista. Avete sentito quello che ho detto oggi sull'assistenza sanitaria. Ho detto, mi spiace gente, ma dobbiamo prenderci cura delle persone che non hanno denaro. So che non è una cosa che un conservatore dovrebbe dire, ma ho avuto una standing ovation, e questa è gente molto conservatrice. Non possiamo abbandonare la gente quando non può ottenere alcuna assistenza sanitaria, quando sono malati o non hanno denaro per andare da un dottore. Li dobbiamo aiutare.

Robert Costa, "Donald Trump interview: Real-estate mogul talks press and politics aboard his private plane", *Independent*, 13 luglio 2015

In *Time to Get Tough* (2011), Trump spiega che sebbene sia contrario all'Affordable Care Act (il cosiddetto Obamacare), è un sostenitore dell'assistenza sanitaria per tutti. "Sono un conservatore su molte questioni, ma sulla salute sono un progressista. È un fatto inaccettabile, seppure vero, che il numero degli americani non assicurati è salito a 42 milioni... La nostra gente è il bene più prezioso. Dobbiamo prendercene cura da noi. Dobbiamo avere un'assistenza sanitaria universale... C'è già un sistema in funzione – il Federal Employees Health Benefits Program – che può fare da guida per tutta la riforma sanitaria. Opera attraverso un'agenzia centralizzata che offre una gamma di scelte considerevole. Anche se è un programma governativo, è molto orientato al mercato. Consente a 620 compagnie assicurative private di competere per questo mercato. Una volta all'anno i partecipanti possono scegliere da piani che variano in benefici e costi."

AUTOFINANZIAMENTO

Non sono un politico. Non posso essere comprato. Non correrò in giro per tutto il paese chiedendo denaro per la mia campagna. Non dovrò nulla a nessuno. Non sarò obbligato nei confronti di nessuno tranne voi, il popolo americano, se mi eleggerete per servire come vostro presidente.

"Donald J. Trump Presidential Announcement as Delivered at Trump Tower in New York City on June 16, 2015*"

* Questo era il documento che avrebbe dovuto essere letto, ma che invece fu usato come traccia per il discorso di annuncio della candidatura.

A differenza degli altri candidati – repubblicani, democratici o indipendenti – Trump finanzia da sé la sua campagna perché può. Sebbene le stime del suo patrimonio varino, non c'è dubbio che sia il candidato più ricco, un miliardario che può staccare i propri assegni senza doversi affidare a un aiuto finanziario esterno.

Questo fatto offre a Trump un notevole vantaggio tattico sugli altri candidati che corrono contro di lui.

Nonostante la sua ricchezza, Trump sente di essere in contatto con l'uomo della strada. In *Trump: Surviving at The Top*, scrive: "Mentre camminavo [per le strade di New York], circa 25 perfetti sconosciuti mi hanno salutato e hanno gridato 'Ciao Donald', 'Come va Donald?' e 'Continua con questo bel lavoro'. Tutto questo mi dà la prova che il lavoratore o la lavoratrice medi sono molto più tranquilli e concreti di quelle persone di successo che li guardano dall'alto dei loro attici".

AUTOPROMOZIONE

Quando gli è stato chiesto: "Alcune persone sostengono che lei approfitta del partito repubblicano per promuovere i vari show, edifici, campi da golf. Che cosa risponde?".

Non è così. Io sono un repubblicano. Sotto molti aspetti, sono un tipo molto conservatore; direi sotto la maggior parte degli aspetti. Ma sono molto scocciato, e molti repubblicani sono venuti da me. Scott Walker se n'è appena andato, sapete, tutti bravi ragazzi. Voglio dire, vengono qui e vogliono sostegno, e un sacco di altre cose. Chi sa che cosa vogliono? Ma vengono qui e rispettano il mio pubblico, la gente che mi segue, e ne ho molta. Come sapete, ho diversi milioni di persone che mi seguono su Facebook e Twitter e cose simili. Sono così scocciato che siano tutte chiacchiere e pochi fatti, che si parli di Bengasi, del fisco, di Hillary o del presidente. Cominciano, stanno per lavorarci, e questa è l'ultima cosa che sentite da loro.

Hugh Hewitt, "Donald Trump on 2016 and Trolling the GOP", HughHewitt.com, 25 febbraio 2015

BRAVI IMMIGRATI

Vogliamo anche che persone di talento vengano da noi. Vogliamo persone che vadano ai nostri college. Andate a Harvard, andate alla Wharton, andate a Stanford e si libereranno di voi non appena avrete ottenuto una laurea. Potete essere il numero uno della vostra classe a Princeton ed essere mandato via dal paese, e dovete, siete obbligati ad andare a lavorare in Cina, invece volete – volete esserci – volete restare nel vostro paese.

Cambierò tutto questo rapidamente. Vogliamo persone di talento.

John Dickerson, intervista a Donald Trump, *Face the Nation*, 23 agosto 2015

BUSH, GEORGE W.

Non ero un grande fan di Bush, come sapete... Pensavo che fosse fuso. Pensavo che non fosse un grande presidente... Sicuramente non era un buon presidente. Ci ha portati in Iraq, e questo è stato un disastro di per sé. Verso la fine del suo incarico ha causato anche un problema finanziario, consentendo quell'esplosione dei mutui e altre cose che io avevo previsto.

Avevo detto che in quel campo stavamo per avere una grande bolla. Ne abbiamo un'altra in arrivo. Lo avevo previsto. Avete avuto l'esplosione dei mutui. Lo capisco. Ho fatto un sacco di soldi perché mi sono presentato e ho comprato un sacco di roba a prezzi bassi dopo che è esplosa.

Ma, soprattutto ci ha dato Obama. Clinton ha avuto un sacco di problemi con le Monica di tutto il mondo, e se non avesse avuto questo genere di guai sarebbe stata una presidenza abbastanza buona. Non una eccezionale, ma una abbastanza solida. Ma quello fu un disastro e una tremenda distrazione.

"Donald Trump Explains All", redazione *Time* (Nancy Gibbs, Michael Scherer, Zeke Miller), Time.com, 20 agosto 2015

BUSH, JEB

Come potremmo essere legati a Jeb Bush? È terribile. È debole sull'immigrazione. Città santuario? [Le città santuario sono quelle in cui non si applicano le norme sulle espulsioni degli immigrati illegali, sia per legge sia di fatto, *N.d.t.*] Lo sapevate che ne ha avute cinque in Florida quando era governatore?... Non vedo [Bush] come un vincente.

Reena Flores, "Trump on Jeb Bush: 'I don't see him as a factor'", CBSNews.com, 11 luglio 2015

Abbiamo bisogno di una persona con un sacco di intelligenza, di astuzia e di energia. E Jeb non le ha. Penso che sia una brava persona. Se diventerà presidente... se diventerà presidente buona fortuna. È un altro Bush. Sarà la solita vecchia storia.

George Stephanopoulos, intervista a Donald Trump, *This Week*, ABC News, 23 agosto 2015

Jeb Bush, che è un politico esperto, sceglie le sue parole con cura, affermando che il "tono aspro di Trump è sbagliato" e puntando a lui in modo obliquo quando dice: "Non credo che i politici dovrebbero approfittare di questa paura e questa angoscia... Per vincere, e scegliere la strada giusta, dovremmo unire piuttosto che dividere" (Michael Barbaro, "Jeb Bush Cautions Donald Trump on Preying on Voters' 'Fear and Angst'", *New York Times*, 4 agosto 2015).

CANDIDATO DI SUCCESSO

I politici – e io li conosco tutti – non renderanno mai grande questo paese... Io sono di gran lunga la persona che ha avuto più successo tra quelle che hanno corso per la presidenza. Nessuno ha mai avuto più successo di me. Tra quelli che hanno corso sono quello che ha avuto più successo. Ross Perot non ha avuto il mio stesso successo. Romney: io ho un negozio Gucci che vale più di Romney.

Josh Hafner, "Trump: I won't do Iowa Straw Poll if everyone backs out", *Des Moines Register*, 2 giugno 2015

CERTIFICATO DI NASCITA

C'è una larga parte della nostra società che crede che Barack Obama non sia, senza ombra di dubbio, nato negli Stati Uniti. Dal Kenya sua nonna ha dichiarato, in una registrazione, che è nato in Kenya e che lei era presente alla nascita. La sua famiglia a Honolulu è indecisa sull'ospedale dove è nato: semplicemente non lo sanno.

Non è stato in grado di produrre un "certificato di nascita", ma semplicemente un "certificato di esistenza in vita", che è totalmente diverso e ha poca importanza. A differenza di un certificato di nascita, il secondo è molto più facile da ottenere. Inoltre, e altrettanto importante, non ci sono registrazioni alle Hawaii che un Barack Hussein Obama sia nato lì: niente fatture, niente nomi di dottori, di infermiere, niente registrazioni, pagamenti ecc. A parte i due annunci sui giornali, potrebbero essere successe molte cose, ma qualcuno pensa che i nonni abbiamo messo un annuncio sul giornale per dimostrare che era cittadino degli USA, con tutti i benefici derivanti. In fin dei conti tutti, soprattutto a quei tempi, volevano essere cittadini americani...

Per qualche ragione, la stampa protegge il presidente Obama in un modo che non ho mai visto. Quello che non capiscono è che se non è nato negli Stati Uniti si ritroveranno ad aver coperto la più grande "truffa" della storia del nostro paese.

Lettera all'editore, "Donald Trump Responds",
New York Times, 8 aprile 2011

Trump, che è ben noto (tra le altre cose) per le sue critiche al presidente Barack Obama, sostiene che poiché non esiste un certificato di nascita del presidente, egli non è un cittadino nato nel paese, e quindi non può ricoprire l'incarico di presidente degli Stati Uniti. Secondo Trump, è nato in Kenya, non alle Hawaii.

Nel 2008, lo staff della campagna di Obama ha diffuso il suo *certificato di esistenza in vita*, che dimostra che è nato alle Hawaii. Quando Trump e altri si sono lamentati che la documentazione era insufficiente, il presidente ha autorizzato la diffusione del suo certificato di nascita in forma completa, il 27 aprile 2011.

Un sondaggio di CNN/Opinion Research Corporation "ha dimostrato che circa il 75 per cento degli americani crede che Obama sia sicuramente o probabilmente nato negli Stati Uniti. Più di quattro americani su dieci, tuttavia, pensano che probabilmente, o sicuramente, non sia nato in America" (Gary Tuchman, "CNN Investigation: Obama born in U.S.", 25 aprile 2011, www.cnn.com/2011/POLITICS/04/25/birthers.obama.hawaii/).

CERTIFICATO DI NASCITA: REVISIONE

Non ne parlerò più.

Daniel Kreps, "Watch Donald Trump's Unapologetic Stephen Colbert Interview", rollingstone.com, 23 settembre 2015

Trump sembra aver capito che questo problema sta spostando l'attenzione dalla sua campagna, quindi si rifiuta di parlarne ancora.

CINA E COREA DEL NORD

Farei in modo di farci rispettare dalla Cina perché la Cina esercita un controllo molto forte sulla Corea del Nord... E direi: "Cina, faresti meglio a occupartene, e a fare qualcosa" perché economicamente potrebbe essere un problema per la Cina; dato che ho le banche cinesi nei miei edifici, loro mi ascoltano e mi rispettano. La Cina ha un controllo pressoché completo sulla Corea del Nord. La Cina lo farebbe. E se non lo facesse, dovrebbe soffrirne le conseguenze economiche perché controlliamo il motore che fa funzionare la Cina. Sapete, senza gli Stati Uniti e la Cina che ci succhia tutto il denaro e il lavoro, la Cina crollerebbe in circa due minuti.

Scott Pelley, intervista a Donald Trump, *60 Minutes*, 27 settembre 2015

CLINTON, HILLARY

Hanno eluso la legge per anni sotto molti aspetti, ma è sorprendente che lei se la sia cavata e che ne parlino come se dovesse correre. Sarà il candidato. Guardavo qualcuno dei guru, l'altro giorno, e persino i repubblicani, i conservatori, parlano come se lei dovesse essere il candidato, e nessuno ne parla come me. Sono molto sorpreso che non siano più duri con lei sulla questione delle e-mail perché è un vero atto criminale. Sapete, ha ricevuto una citazione dal Congresso degli Stati Uniti e dopo che l'ha ricevuta ha cancellato un sacco di e-mail. Credo che siano stati tutti d'accordo. Quello che ha fatto è incredibile e per me è ancora più incredibile che stiano parlando di lei come candidata dandolo per scontato. Parlano di Hillary come del candidato, ma quello che ha fatto è illegale.

Hugh Hewitt, "Donald Trump on Things 2016",
HughHewitt.com, 3 agosto 2015

CNN Politics (Eric Bradner, "Trump on Clinton", 26 luglio 2015) riporta brani dall'intervista telefonica di Jake Tapper a Trump. Secondo quest'ultimo, l'uso di un server privato per e-mail personali da parte della Clinton è un atto molto più nefando delle azioni del generale Petraeus. "Il fatto è che quello che ha fatto è criminale. Quello che ha fatto è molto peggio di ciò che ha fatto il generale Petraeus e lui è caduto in disgrazia. Quello che ha fatto lui non è brutto quanto quello che ha fatto Hillary Clinton, ed è simile. Ma non è tanto brutto. Voglio dire, lei ha ripulito il suo server, lui non ha mai fatto niente del genere." CNN nota che Petraeus "si è dichiarato colpevole di un reato minore, la diffusione di informazioni riservate" (ha dato volumi rilegati di informazioni riservate alla sua biografa e amante Paula Broadwell).

COLLINS, GAIL

Anche prima che Gail Collins fosse con il *New York Times* ha scritto articoli cattivi e sprezzanti su di me. In realtà io ho un grande rispetto per la signora Collins per il fatto di essere sopravvissuta a lungo con così poco talento. La sua abilità di narratore e il suo uso delle parole (detto da me, che ho scritto così tanti best-seller) non sono a un livello molto alto. Cosa molto più importante: i fatti che cita non sono veri!

Lettera all'editore, "Donald Trump Responds",
New York Times, 8 aprile 2011

Il 2 aprile 2011 Gail Collins, una giornalista del *New York Times*, pubblicò un articolo intitolato "Donald Trump Gets Weirder" (Donald Trump si fa strano). Nel pezzo lo sferzava sarcasticamente: "Secondo Trump, il motivo principale per cui dovrebbe essere preso sul serio come candidato presidenziale è il suo successo nel business. Obama ha mai condotto un reality televisivo di successo? Posseduto una catena di casinò finiti in bancarotta? Messo il suo nome su un mucchio di appartamenti in palazzoni poco attraenti? No!... Durante uno dei suoi periodi no, mi riferii a lui con le parole 'un aspirante milionario disastrato finanziariamente' e lui mi mandò una copia dell'articolo con la mia foto cerchiata in rosso e sopra scritto: 'La faccia di un cane!'". Il commento di Collins ha punto nel vivo: Trump replicò con una lettera all'editore.

Nel libro *Trump: Never Give Up*, il capitolo 38 è intitolato: "Quando siete attaccati, rispondete". Trump ha risposto quando Collins lo ha attaccato. Nel suo libro, Trump scrive diffusamente di un giornalista del *New York Times* di nome Timothy L. O'Brien che ha pubblicato *Trump Nation: The Art of Being The Donald* (2005). Trump aveva dato a O'Brien un accesso senza precedenti alle informazioni su di lui per essere sicuro che "i suoi fatti fossero corretti", ma rimase stupefatto quando uscì il libro, perché: "Mi sono accorto che c'è una differenza tra le cattive notizie e il male. Questo tipo era spregevole. Il suo intento era diffamarmi". Questa, però, è stata una battaglia che Trump non ha vinto. L'*Hollywood Reporter* (Eriq Gardner, 8 settembre 2011) riferisce che: "Una corte d'appello del New Jersey ha confermato la decisione di una corte di livello inferiore che fa cadere una causa portata avanti da Donald Trump...". In risposta, Trump ha replicato al *Reporter* che le leggi liberali del paese "non sono mai state eque".

CONSERVATORE, O NO

Be', sapete, potreste dirlo di Ronald Reagan, perché Ronald Reagan era un democratico con un'inclinazione molto, molto liberale. E alla fine è diventato un repubblicano che era piuttosto conservatore. Non direi che fosse il più conservatore, ma abbastanza.

Ha parlato di come si è evoluto mentre diventava più anziano. E anche io. Non ve lo scordate: io – quando mi etichettate – non sono mai stato un politico. Quindi, non ha mai avuto grande importanza come la gente mi ha definito. Non ha fatto alcuna differenza. Inoltre stavo a Manhattan, dove tutti sono democratici. Se ottieni la nomination dei democratici per il consiglio cittadino o qualcos'altro, allora significa che vincerai le elezioni, persino se le elezioni non si tengono. È una specie di cosa automatica.

Quindi venivo da un'area tutta democratica. E, francamente, nel corso degli anni mi sono evoluto, specialmente perché sono stato sempre più coinvolto. Ho preso posizioni diverse da quelle del passato. E ne sono fortemente convinto.

John Dickerson, intervista a Donald Trump,
Face the Nation, 23 agosto 2015

CONSULTORI FAMILIARI

Io sono contro l'aborto... e questa è una gran parte del loro lavoro.

Nina Bahadur, "Donald Trump Gets Womansplained
on Planned Parenthood",
huffingtonpost.com, 10 settembre 2015

Citando Whoopi Goldberg nella trasmissione *The View*, l'articolo spiega: "[I consultori di] Planned Parenthood praticano aborti per il 3 per cento delle persone che ricorrono ai loro servizi. Il resto dell'attività riguarda la salute delle donne. E quella percentuale non è finanziata da fondi federali, quindi per gli aborti non viene utilizzato denaro proveniente dalle tasse. Tuttavia, se Planned Parenthood verrà privata dei fondi, milioni di donne non avranno assistenza medica. Dato che avete mostrato di essere così generosi nei confronti dei siriani, spero che vogliate estendere quella generosità anche alle donne di questo paese".

Il rendiconto annuale di Planned Parenthood [un nome collettivo che raccoglie organizzazioni dedite all'assistenza sanitaria in materia sessuale e riproduttiva, *N.d.t.*] per il 2013-2014 afferma che gli aborti rappresentano il 3 per cento dei servizi; la cura delle malattie trasmesse sessualmente il 42 per cento; la contraccezione il 34 per cento; lo screening e la prevenzione contro il cancro il 9 per cento; gli altri servizi per la salute alle donne l'11 per cento e l'1 per cento è dedicato ad altri servizi.

CONTROLLO DELLE ARMI

Sono membro a vita dell'NRA [la National Rifle Association, *N.d.r.*] e sono orgoglioso del loro lavoro per proteggere il nostro diritto a tenere e portare armi. Gli sforzi dell'NRA per fermare una legislazione dannosa di bando delle armi sono preziosi. Il fatto che i media si concentrino su questi sforzi mette in ombra il grande lavoro che la NRA fa in tema di sicurezza e difesa ambientale.

Ho un porto d'armi e, vivendo a New York, conosco in prima persona le sfide che i cittadini rispettosi della legge affrontano nell'esercizio dei diritti derivanti dal Secondo Emendamento. Le mie fonti più fidate sono i miei figli, Don Jr. ed Eric. Sono sportivi fantastici e molto presi dalla caccia, dal tiro sportivo e dalla conservazione dell'ambiente.

La famiglia Trump starà all'erta nel suo sostegno al diritto di tenere e portare armi. Date le minacce attuali in tutti gli Stati Uniti, ciò è più importante che mai. La sicurezza nazionale inizia nelle nostre case. Tutti i cittadini devono avere la possibilità di proteggere se stessi, le loro famiglie e le loro proprietà. Il Secondo Emendamento è un diritto, non un privilegio. La nostra sicurezza e difesa sono incarnate dal Secondo Emendamento, e io proteggerò sempre questo diritto importantissimo.

Fredy Riehl, "Donald Trump Talks: Gun Control, Assault Weapons, Gun Free Zones & Self Defense", Ammoland.com; Alex Jones, Infowars.com, 11 luglio 2015

COREA DEL SUD

E quindi difendiamo la Corea del Sud?... Mandiamo una grande portaerei, la USS George Washington, e i caccia per difendere la Corea del Sud? Ci pagano? Non ci pagano per questo. Mandiamo tutte quelle navi, centinaia di milioni di dollari per proteggere la Corea del Sud da quella del Nord... Abbiamo – lo sa quanti ne abbiamo? – 20-25.000 soldati laggiù. Non ci pagano neanche per questo. Che cosa stiamo facendo? Che cosa pensiamo? Che cosa stiamo pensando?...

Dico che non posso accettare offerte dalle aziende americane perché la Cina manipola la sua valuta e loro non possono competere con le aziende cinesi... Ho chiesto: "Qualcuno costruisce televisori negli Stati Uniti?". Sa qual è la risposta. Non c'è nessuno. Vengono tutti dalla Cina, dal Giappone, dalla Corea del Sud. E gliel'ho detto, perché ne compro a migliaia.

George Stephanopoulos, intervista a Donald Trump, ABC News, 19 aprile 2011

CORRERE DA INDIPENDENTE

Non posso dire se sarò nominato, posso dire che non correrò da indipendente. Ne sto discutendo con chiunque, sto facendo un sacco di pressioni... voglio vincere come repubblicano. Voglio correre come il candidato nominato dai repubblicani.

Kathleen Hennessey, "The 10 lines that capture the 10 candidates' key moments" e "Trump was clear about his (lack of) loyalty to the GOP", Trail Guide: Campaign 2016, *Los Angeles Times*, 6 agosto 2015

Anche prima del primo e atteso dibattito repubblicano, è stato chiaro che la prima salva sarebbe stata concepita per mettere Trump sotto i riflettori, obbligandolo a rispondere a una domanda che sicuramente gli avrebbe fatto guadagnare dei fischi da parte dei repubblicani convinti che erano presenti.

Trump ha chiarito che voleva correre nei repubblicani, ma ha reso altrettanto chiaro che voleva tenersi aperta l'opzione, se necessario, di partecipare alle elezioni come candidato terzo, senza curarsi dell'effetto che ciò avrebbe sul partito repubblicano. Tuttavia, il 3 settembre ha firmato una dichiarazione secondo cui non lo farà. Il tempo dirà se intende onorare quella dichiarazione, che non è completamente vincolante dal punto di vista legale.

CREAZIONE DI POSTI DI LAVORO

A Chris Wallace, allora corrispondente di NBC per la Casa Bianca.

Do da lavorare a migliaia e migliaia di persone che non avrebbero un lavoro se non fosse per le cose che ho costruito. Voglio dire che probabilmente do da lavorare a 25.000 o 30.000 persone e che queste sono cose che ho fatto negli ultimi quattro o cinque anni, Chris, e credo che un sacco di persone siano molto grate di questo.

Rich Noyes, "Video Flashback: In '88 Interview, NBC Pushed Donald Trump on Presidential Run; Chided His Wealth", Newsbusters.org, 17 luglio 2015

La CNN riferisce che "la Trump Organization impiega 22.000 persone" (cfr. "Fact Check: Is Donald Trump a small business?", staff di CNN Wire, CNNPolitics.com, 5 ottobre 2012).

CRISTIANI

Quindi parlatemi della libertà religiosa e dei diritti. I cristiani vengono trattati in modo orribile perché non abbiamo nessuno che li rappresenta. Credetemi, se correrò e vincerò sarò il più grande rappresentante che i cristiani abbiano avuto da molto tempo.

David Brody, "Donald Trump Tells *Brody File*: As President 'I will be the greatest representative of the Christians they've had in a long time'", CBN News, blog, 20 maggio 2015

L'11 luglio 2015, in un discorso a Las Vegas, Trump, un protestante, ha parlato della persecuzione dei cristiani; si è lamentato che l'amministrazione Obama favorisce l'immigrazione dei musulmani rispetto a quella dei cristiani. "Se venite dalla Siria e siete un cristiano, non potete entrare in questo paese. E sono quelli che vengono perseguitati. Se siete un musulmano e arrivate, difficile da credere, potete entrare molto facilmente. In realtà, è proprio uno dei principali gruppi che entra. Non che dovremmo discriminare gli uni rispetto agli altri. Ma se sei un cristiano non puoi entrare nel paese. Non puoi. Ho pensato che questo fosse incredibile. Dobbiamo fare qualcosa al riguardo."

PolitiFact.com (Louis Jacobson, 20 luglio 2015) non è d'accordo: "Tra il 1° ottobre 2014 e il 17 luglio 2015, secondo i dati federali, sono arrivati negli Stati Uniti 859 musulmani sunniti, 5 sciiti e 42 persone identificate solo come 'musulmani', per un totale di 906 persone. Nello stesso periodo sono arrivati dalla Siria 28 cristiani (altri arrivi comprendevano due atei, due di religione Bahai e una persona di credo non identificato)... La nostra posizione: Trump ha affermato: 'Se vieni dalla Siria e sei cristiano, non puoi entrare in questo paese' come rifugiato. Questo è sbagliato alla luce dei fatti – un piccolo numero di cristiani siriani sono stati ammessi come rifugiati negli ultimi nove mesi – e anche alla luce dello spirito della legge, perché non esiste nulla nelle leggi e nei regolamenti statunitensi che discrimini i rifugiati cristiani. Dichiariamo l'affermazione falsa".

DEVIAZIONI

Quando Katy Tur di NBC News gli ha chiesto la sua opinione sulla nascita di Obama, ha concluso dicendo: "Lei ha diretto il movimento. Ha mandato investigatori alle Hawaii per scoprire se Obama era o non era nato lì. Lui ha diffuso il suo certificato di nascita".

Se lei ci crede, va bene. Non mi importa. Io mi occupo di lavoro. Mi occupo di sicurezza. Di sistemare le forze armate. Di prendermi cura dei nostri veterani. Mi occupo di cose concrete. Non deve rispolverare argomenti vecchi. Se [Obama] lo è o non lo è, chi lo sa? Un sacco di gente non è d'accordo con lei su questo.

Intervista a Donald Trump, NBC News, video, 8 luglio 2015

Durante il primo dibattito presidenziale repubblicano (6 agosto 2015), Megyn Kelly ha attaccato Donald Trump sul fatto che il suo commento fuorionda sulle donne dimostra che non ha il "carattere di un uomo che dovremmo eleggere come presidente". Invece di confrontarsi con lei sulla domanda – una situazione difficile in cui si sarebbe probabilmente trovato a malpartito – Trump ha cambiato direzione e, dopo aver sottolineato che riserva i suoi insulti "solo per Rosie O'Donnell" [attrice e conduttrice televisiva americana attivista per i diritti LGTB, *N.d.r.*], ottenendo una bella risata, ha deviato la sua domanda attaccandola. Come ha notato la CNN: "Trump non ha battuto un ciglio e non ha chiesto scusa". L'ha buttata invece sulla correttezza politica. "Francamente non ho tempo per la correttezza politica totale. E, per essere onesto con lei, neanche questo paese ne ha il tempo."

DIBATTITI

Per quanto riguarda la preparazione dei dibattiti, sono quello che sono. Non so. Non ho mai partecipato a un dibattito prima. Non sono uno che fa dibattiti. Io faccio le cose. Non ho idea di come farò. Forse andrò malissimo. Forse andrò molto bene... Be' non sono uno da dibattiti. Questi politici, ho sempre detto che sono tutti parole e niente fatti. Discutono tutto il tempo. Hanno un dibattito tutte le sere. Io non faccio dibattiti. Io costruisco; ho creato un sacco di lavoro. Ho creato una società grandissima. Faccio un sacco di cose.

Tom Llamas, intervista a Donald Trump, *This Week*, ABC News, 2 agosto 2015

La strategia dei politici prima dei dibattiti televisivi era quella di far scrivere al loro staff delle relazioni su ogni argomento possibile, in modo da poter snocciolare fatti e cifre per sostenere le loro posizioni. Il *Washington Post* (6 agosto 2015) ha scritto: "Jeb Bush ha fatto pratica tutta l'estate... Ted Cruz ha trascorso questa settimana rinchiuso con i consulenti".

Sebbene il suo staff abbia preparato questo genere di relazioni, Trump ha preferito una posizione di attesa: "Devo sentirmela, vedere da dove arrivano tutti. Preferirei non avere conflitti, niente lotte interne, ma se mi colpiscono, restituisco pan per focaccia. Dipende tutto dal momento. State a vedere. Terrò la cosa ai massimi livelli. Ho molto rispetto per loro" (Robert Costa e Philip Rucker, "Trump Gets Center Stage and Foes Get Change to Topple Him", *Washington Post*, 6 agosto 2015).

FIORINA, CARLY

Guardate quella faccia! Qualcuno *voterebbe* per lei? Potete immaginarla, la faccia del nostro prossimo *presidente*? Dico, è una donna, e non voglio dire delle cose brutte, ma veramente, ragazzi, forza. Siamo *seri*?

Paul Solotaroff, "Trump Seriously", *Rolling Stone*, 9 settembre 2015

Durante il secondo dibattito repubblicano, il 16 settembre 2015, Fiorina ha ottenuto il più grande applauso della serata quando ha rifiutato di commentare le affermazioni rilasciate da Trump a *Rolling Stone*, dicendo semplicemente: "Credo che le donne di tutto il paese abbiano capito chiaramente che cosa ha detto il signor Trump".

La risposta di Trump, a cui lei non ha replicato affatto, è stata: "Penso che abbia un volto bellissimo e che sia una donna fantastica".

Trump può essere il peggior nemico di se stesso quando si spara sui piedi. Il suo commento su *Rolling Stone* non ha avuto alcuno scopo se non quello di inimicarsi una grossa fetta della popolazione votante femminile, che sente di essere giudicata unicamente in base al proprio aspetto, una percezione alimentata dai commenti di Trump.

GOVERNO GESTITO COME UN BUSINESS

Il governo ha bisogno di essere gestito come un business. La negoziazione è un'abilità importante nel business e nelle relazioni diplomatiche e abbiamo bisogno di negoziatori capaci. Inoltre, la leadership è cruciale e io credo che non abbiamo i leader migliori. I team sono importanti, ma ci deve essere una leadership forte. Come imprenditore, comprendo questo concetto e si applica al governo altrettanto bene.

Geoffrey James, "Donald Trump's Advice for Millennials",
Inc.com, 22 gennaio 2014

Trump pensa che Washington abbia bisogno di una riforma immediata e drastica, e che le persone come lui – messe alla prova dal mondo duro e senza regole del business e dell'alta finanza – siano i negoziatori che servono per ottenere accordi che favoriscano gli USA. "Abbiamo bisogno di gente a Washington che sappia come stipulare un accordo" ha detto Trump ai suoi attivisti nel New Hampshire (Kathleen Ronayne, "Trump says his business experience would play well in government", Associated Press, MSNBC.com, 19 marzo 2015). Ha aggiunto che, diversamente dagli altri candidati in corsa per la carica, che vogliono tagliare l'assistenza sociale e quella sanitaria, lui non lo farà perché "renderò questo paese così ricco che non ci sarà bisogno di tagli".

GRANDE MURAGLIA

Costruirò un muro dove necessario. Costruirò un muro, e il Messico pagherà per questo. Il Messico ha fatto un'enorme quantità di denaro sulla stupidità degli Stati Uniti. Stanno continuando a fare sempre più denaro. Ogni giorno fanno sempre più denaro. Il Messico pagherà per il muro. L'unica buona notizia è che io so come costruirlo a un prezzo giusto, ma sarà un muro vero. Non sarà un muro fatto come un setaccio attraverso cui le persone possano passare. Sarà un muro vero.

E sì, avete capito bene, il Messico pagherà per questo muro. Il Messico sta facendo una fortuna sulle spalle degli Stati Uniti. Di nuovo, io amo il Messico. Io amo i messicani. Ma loro si stanno avvantaggiando della stupidità e dei politici e negoziatori molto stupidi che abbiamo negli Stati Uniti. I messicani sono molto fortunati ad avere certa gente che tratta per loro.

José Díaz-Balart, "Donald Trump Exclusive Telemundo Interview", NBCUniversal MediaVillage, Noticiero Telemundo, 25 giugno 2015

Reuters ha riassunto il piano per l'immigrazione di Trump, compreso l'obbligo del Messico di pagare per un muro alla frontiera: 1) se il Messico non acconsente a pagare per il muro, istituire imposte sui visti temporanei; 2) deportare gli immigrati senza documenti; 3) annullare l'ordine esecutivo di Obama sull'immigrazione; 4) confiscare le rimesse degli immigrati illegali; 5) aumentare le imposte nei porti di entrata, tagliare gli aiuti all'estero e imporre dazi (Toni Clarke e Christine Murray, "Trump says would raise visa fees to pay for Mexican border wall", 16 agosto 2015). Trump conclude: "Il governo messicano ha ridotto gli Stati Uniti senza un soldo. Sono responsabili di questo problema e devono pagare per sistemarlo".

ICAHN, CARL

Direi: "Congratulazioni Carl, ora gestisciti la Cina". Prenderei altri tizi come Carl e direi loro: "Buona fortuna, ecco il Giappone". Credetemi, faremo così bene. Faremo così tanto.

Kathleen Parker, "Feeling the pre-debate fervor",
Washington Post, 5 agosto 2015

Trump sostiene da lungo tempo che l'America sta perdendo la guerra del commercio, principalmente perché non assume una posizione ferma. In *Trump: Surviving at the Top*, raccomanda un "comitato all-stars che dovrebbe supervisionare i negoziati dell'America con Giappone, Europa e altre aree che hanno bisogno di attenzione". Riferendosi alle persone che conosce – tutti abili negoziatori – cita, tra gli altri, Carl Ichan, allora a capo di Trans World Airlines.

Come ha detto a *Playboy* (marzo 1990): "Penso che se avessimo persone provenienti dalla comunità del business – i Carl Icahn, i Ross Perot – a negoziare alcune delle nostre decisioni estere, saremmo rispettati nel mondo".

IMMIGRATI ILLEGALI: UNA RETATA

Quando gli viene chiesto dal giornalista Scott Pelley: "Lei parla seriamente di deportare 12 milioni di immigrati illegali?".

Be' nessuno conosce il numero. Ma la risposta è, l'ha appena detto lei: sono immigrati illegali. Sono qui illegalmente... Se si sono comportati bene, se ne andranno fuori e rientreranno in modo legale... Li raduneremo in modo molto umano, in un modo molto per bene. E loro ne saranno felici perché vogliono essere legalizzati. E, a proposito, so che non suona bello, ma non tutto è bello... Quando parlo del muro, e l'ho già detto prima, avremo delle porte bellissime, imponenti e molto ampie, delle grandi e belle porte. Noi *vogliamo* che le persone entrino nel paese.

Scott Pelley, intervista a Donald Trump,
60 Minutes, 27 settembre 2015

IMPOTENZA DEI POLITICI

Ho guardato i politici. Ho trattato con loro per tutta la vita. Se non sei in grado di fare un buon accordo con un politico, in te c'è qualcosa che non va. Non sei tanto bravo. E questi sono quelli che ci rappresentano. Non renderanno mai l'America grande di nuovo. Non ne hanno alcuna possibilità. Sono completamente sotto controllo dei lobbisti, dei finanziatori e degli interessi particolari. Completamente sotto controllo.

"Donald Trump: 'Our Country Needs a Truly Great Leader'", Federal News Service, *Wall Street Journal*, 16 giugno 2015

In questo caso la "trump card", l'asso nella manica di Trump, per dirla in parole sue, consiste nel non essere un esponente dei soliti politici, e in special modo di quelli che corrono per la presidenza. Il metodo di raccolta dei fondi ben collaudato, sostiene Trump, genera politici comprati dai contributi per la campagna e che in cambio dispenseranno favori politici una volta installati nelle alte cariche. La ricchezza di Trump gli consente il lusso di non dover dipendere dai contributi di finanziamento alla sua campagna; per questo motivo non è legato a nessuno o a nessun interesse particolare. Quindi con lui il nepotismo politico non sarà un problema, come invece accade per tutti gli altri candidati alla presidenza.

INDIPENDENZA

Sono stato un finanziatore importante di molte, molte persone di qualsiasi importanza per tanti, tanti anni. Non voglio dei lobbisti. Non voglio interessi particolari, ma certamente la gente: abbiamo un sacco di denaro in arrivo.

L'altro giorno, una donna ha mandato 7,23 dollari. È stato carino. Ha scritto questa lettera bellissima. Era quello che aveva. Abbiamo un sacco di piccoli finanziatori. Io accetterò anche grandi finanziatori, purché non si aspettino nulla, perché le sole persone che possono aspettarsi qualcosa da me sono quelle che vogliono vedere il nostro paese tornare grande di nuovo.

Queste sono le uniche persone. Quindi, certamente, li accetterei; in realtà a me piace veramente l'idea di investire in una campagna, ma non ci devono essere richieste attaccate. Non voglio alcuna richiesta in cambio. Sapete, questi lobbisti si presentano. La settimana scorsa ho rifiutato 5 milioni di dollari da un lobbista veramente importante, perché attaccate a una cosa di questo genere ci sono un sacco di richieste.

Nel giro di un anno o due tornerebbe da me e mi chiederebbe un sacco di cose per uno stato o una società che rappresenta. Questo è il genere di denaro che non accetterò.

John Dickerson, intervista a Donald Trump, *Face the Nation*, cbsnews.com, 23 agosto 2015

ISRAELE

Io sono l'unico [candidato] che sta offrendo un vero sostegno a Israele. Il resto di loro è tutto chiacchiere e niente azione. Sono politici. Sono stato leale verso Israele dal giorno in cui sono nato. Mio padre, Fred Trump, era leale con Israele prima di me. L'unico che offrirà a Israele il sostegno di cui ha bisogno è Donald Trump.

Conosco un sacco di gente che viene da Israele. Ho tantissimi amici lì. Prima di tutto, gli israeliani sono ottimi affaristi. Hanno un istinto naturale per il business e le loro start-up sono fantastiche. Tratto con gli israeliani tutto il tempo, e con gli ebrei tutto il tempo, che siano di Israele o meno.

Jacob Karmas, "Donald Trump: I'm No 'Apprentice' When It Comes to Israel", JNS.org, Algemeiner.com, 29 giugno 2015

KELLY, MEGYN

Il 6 agosto 2015, durante il primo dibattito presidenziale repubblicano, il moderatore della Fox Megyn Kelly colpì Trump con questa affermazione: "Lei ha chiamato le donne che non le piacciono 'grasse maiale', 'cagne', 'zoticone' e 'animali disgustosi'". Trump ha ribattuto: "Solo Rosie O'Donnell", ma lei ha risposto: "No, non solo. Per la cronaca, molto al di là di Rosie O'Donnell. Il suo account Twitter riporta molti commenti sprezzanti sull'aspetto delle donne. Una volta ha detto a una concorrente di Celebrity Apprentice *che sarebbe stato bello vederla a quattro zampe. Le sembra questo il carattere di un uomo che dovremmo eleggere come presidente?".*

Credo che il grande problema di questo paese sia essere politicamente corretti. Sono stato sfidato da così tante persone e francamente non ho tempo per la correttezza politica totale... Sono stato molto educato con lei, sebbene probabilmente non avrei dovuto farlo visto come mi ha trattato. Ma non lo farò.

Primo dibattito presidenziale repubblicano,
Fox News, 6 agosto 2015

Il giorno dopo, alla trasmissione *Morning Joe* di MSNBC, Trump ha chiarito il suo commento: "La domanda sulle donne: non ho detto molte di quelle cose. Non ricordo quella di *The Apprentice* e non ricordo alcune di quelle espressioni, per essere onesto. In realtà, incaricherò qualcuno di scoprire da dove vengono quelle espressioni".

La tempesta in un bicchiere d'acqua arrivò a un punto di ebollizione, ma il CEO di Fox raffreddò gli animi chiamando Trump e dicendogli che "potevano finirla lì, oppure andare in guerra". Alla fine della giornata, i cani da guerra furono tenuti a bada.

KRAUTHAMMER, CHARLES

L'editorialista Charles Krauthammer, che è paralizzato dalla vita in giù, ha attaccato Trump definendolo "clown da rodeo". Durante un'intervista a NBC News, Trump ha risposto.

Allora vengo insultato da un tizio che non può comprare un paio di pantaloni?

Charles Krauthammer è una persona assolutamente sopravvalutata a cui non piaccio personalmente; non l'ho mai incontrato. È un tizio assolutamente sopravvalutato, non sa quello che fa, era totalmente a favore della guerra in Iraq, voleva andare in Iraq e, sapete, restarci per sempre. Sono persone sopravvalutate, io so chi lo è, potete indicarle nome per nome. A proposito, avete intenzione di dire il nome di quelli a cui piace Trump? Lo farete, vero?

Dieter Holger, "Donald Trump Insults Disabled Columnist in Interview", inquisitr.com, 11 luglio 2015

La risposta di Trump non dovrebbe sorprendere chiunque conosca il suo stile di combattimento verbale. Quando viene attaccato, parte al contrattacco. Dato che non è politicamente corretto, non si trattiene nell'offendere. Definisce i suoi avversari esattamente come li vede, un aspetto che gli ha garantito il favore degli elettori che preferiscono un discorso chiaro agli offuscamenti politici, ed è una delle ragioni per cui vola nei sondaggi e non sembra sia disposto a prendere pesci in faccia da coloro che fanno commenti personali su di lui.

LEADERSHIP

Come definite la leadership? Voglio dire, leadership è una parola strana, sapete, alcune persone ce l'hanno, altre no e nessuno sa perché. Voglio dire, Winston Churchill era un leader incredibile. Perché? Era nato con difficoltà di parola, ha avuto ogni genere di problemi, certamente non era un bell'uomo e, tuttavia, era un grande leader. Perché era un grande leader? Nessuno lo sa, era un grande leader.

"Donald Trump announces plans to form presidential exploratory committee",
Larry King Live, cnn.com, 8 ottobre 1999

LEGGE CONTRO L'ABORTO

Sostengo l'approvazione del Pain-Capable Unborn Child Protection Act e invito il Congresso ad approvare in fretta questo provvedimento. La proibizione degli aborti dopo le venti settimane proteggerà i bambini non ancora nati. Non dovremmo essere una delle sette nazioni che consente la scelta dell'aborto dopo le venti settimane. Va contro i nostri valori fondamentali.

David Brody, "Just In: *Brody File* Exclusive: Donald Trump Comes out in Support of 20-Week Abortion Ban",
CBN news, aprile 2011

MCCAIN E L'ASSISTENZA AI VETERANI

Credo che farò più io per i veterani di quanto abbia fatto John McCain per molti, molti anni con tutte quelle chiacchiere e niente di concreto. Sta in televisione tutto il tempo, parlando e parlando. Non si conclude nulla. Guardate ciò che sta accadendo ai nostri veterani: vengono decimati. OK. Per i veterani io farò molto di più di chiunque altro. Sarò in grado di costruire nuovi ospedali per loro, nuovi centri di cura. Sarò in grado di aiutare i veterani.

John McCain ha fallito. Tutto quello che dovete fare è dare un'occhiata a quello che si racconta ogni giorno; date un'occhiata allo scandalo della Veteran's Administration e alle condizioni disastrose in cui i nostri veterani sono costretti a vivere. Credetemi, ho costruito, con un piccolo gruppo, il memoriale per il Vietnam a Manhattan. So che cosa vuol dire aiutare la gente e che cosa vuol dire aiutare i veterani.

Martha Raddatz, intervista a Donald Trump, *This Week*,
ABC News, 19 luglio 2015

MCCAIN, EROE DI GUERRA?

Non è un eroe di guerra. È stato un eroe di guerra perché l'hanno catturato. Mi piacciono quelli che non sono stati catturati.

Alan Rappeport, "John McCain Says Donald Trump's Remarks Will Hurt Him Among Veterans", FirstDraft, *New York Times*, 20 luglio 2015

Nello Iowa, a un evento di conservatori sociali, è sembrato che Trump denigrasse il senatore John McCain, un ex prigioniero di guerra che fu catturato dai nord vietnamiti. I commenti di Trump hanno infiammato i veterani, compreso lo stesso McCain, che al programma *Morning Joe* della MSNBC ha affermato: "Credo che debba delle scuse alle famiglie, a coloro che si sono sacrificati in guerra e a quelli che hanno subito l'esperienza della prigionia per aver servito il proprio paese".

Trump ha risposto, in un'intervista telefonica allo show televisivo *Today*, di essere stato ridicolizzato a causa di un commento estrapolato dal contesto. "Io rispetto molto anche le persone che non sono state catturate e nessuno parla di loro. Parliamo di John McCain, e credo sia giusto e che lui sia un uomo coraggioso e tutte queste cose, ma non parliamo mai delle persone che non furono catturate, che è quello a cui stavo tentando di riferirmi."

MERITOCRAZIA PER IMMIGRATI

Credo profondamente nel sistema di merito. Ve lo devo dire: alcune di queste persone che sono venute qui hanno fatto un buon lavoro. Sapete, in alcuni casi, purtroppo, sono rimasti nell'ombra... Se qualcuno si è distinto, tenteremo di fare qualcosa. Prima di fare qualsiasi cosa, però, dobbiamo rendere sicure le frontiere, perché oggi è come non avere nessuna frontiera.

Brent Johnson, "Donald Trump suggests 'merit system' for undocumented immigrants", nj.com, 25 luglio 2015

Trump si è attirato un sacco di critiche furiose per i suoi commenti incendiari sugli immigrati messicani illegali, ma ha cercato di mitigarli con un commento finale: "E alcuni, penso, sono brave persone".

Quando gli è stato chiesto di chiarire la sua posizione, in un'intervista per Fox News (*Media Buzz*, 5 luglio 2015) ha risposto: "Non ho problemi a chiedere scusa, ma non posso farlo per aver detto la verità. Ho detto che in giro ci sono crimini tremendi. Tutti sanno che è vero. E succede continuamente. Quindi perché, quando ne parlo, improvvisamente divento un razzista? Non ho una singola cellula razzista nel corpo".

Trump ha sostenuto che i suoi commenti sono stati estrapolati dal contesto.

OBAMA, MANCANZA DI LEADERSHIP

C'è veramente bisogno di leadership. Dovete mettere delle persone in una stanza e ottenere qualcosa che vada bene per tutti, che sia un compromesso o quello che volete, ma dovete metterle in una stanza e ci deve essere qualcuno che comanda e questo non è avvenuto con il presidente Obama.

Rebecca Kaplan, "Donald Trump: 'I pay as little as possible' in taxes", *Face the Nation*, CBS News, 2 agosto 2015

Trump non è un fan di Obama. Come lui stesso ha detto: "Credo che come presidente abbia fatto un lavoro veramente scarso. Proprio ora abbiamo 18.000 miliardi di dollari di debito e sta crescendo rapidamente... Perché credo che abbia stabilito degli standard molto bassi. Credo che abbia messo l'asticella molto in basso e che sia una vergogna per la gente afroamericana. E, a proposito, non ha fatto nulla per gli afroamericani. Guardate quello che sta succedendo con i loro livelli di reddito. Pensavo che avrebbe fatto un lavoro favoloso per i cittadini afroamericani di questo paese" ("*This Week* Transcript: Donald Trump", intervista di Jonathan Karl, ABC News, abcnews.go.com, 2015).

Dopo aver esaminato i fatti, PolitiFact.com (2 agosto 2015) ha concluso che "Trump si sbaglia secondo diversi parametri importanti: ha detto che sotto Obama i livelli di reddito e le cifre sulla disoccupazione 'sono peggio che mai' per gli afroamericani. Alcune statistiche fondamentali, come la disoccupazione, sono tuttavia migliorate significativamente sotto il mandato di Obama. Gli indici che sono rimasti fermi o sono peggiorati sotto Obama sono comunque relativamente positivi se paragonati alla storia recente. Definiamo questa affermazione falsa".

OFFESE AGLI ISPANICI

Be', non dovrebbero sentirsi sminuiti. E quello che ho detto è vero. Questa nazione sta diventando una discarica per tutto il mondo. Gli Stati Uniti. Il nostro debito è di 19.000 miliardi di dollari. Stiamo per oltrepassare i 20.000, e i 22.000 e i 24.000, e questo è un numero magico. Un numero pessimo. Questo è il punto di non ritorno.

Non possiamo più sostenere tutto questo. Abbiamo leader incompetenti. Il presidente è incompetente. Abbiamo leader e negoziatori incompetenti. Il Messico, d'altra parte, ha negoziatori molto bravi. Lo sto mettendo in evidenza. Io amo la gente del Messico. Rispetto la gente del Messico. E rispetto il Messico.

Il fatto è che se io fossi presidente, credetemi, le cose non starebbero come stanno ora. E vi dirò di più, io finirei per avere con il Messico una relazione migliore di quella che gli Stati Uniti hanno ora. Ci piaceremmo a vicenda. Proprio ora c'è un'animosità tremenda tra Stati Uniti e Messico, nonostante il fatto che il Messico stia facendo tutti i soldi. Stanno facendo tutti i soldi. Ci stanno uccidendo. Quindi finirò dicendo questo: mi piace veramente il Messico e il suo popolo. Non c'è altro da dire. Se fossi il presidente, gli Stati Uniti sarebbero di nuovo un posto sorprendente.

José Díaz-Balart, "Donald Trump Exclusive Telemundo Interview", NBCUniversal MediaVillage, Noticiero Telemundo, 25 giugno 2015

PALIN, SARAH

Be', non credo che lo vorrebbe [correre con lui come vicepresidente, *N.d.r.*], perché – sapete – Sarah Palin mi piace molto. Credo che Sara Palin abbia ricevuto una stampa molto negativa. Credo che la stampa l'abbia trattata in modo molto ingiusto. Sceglierei qualcuno che sarebbe incredibile... sapete, bisogna vedere chi veramente sarebbe un buon presidente nel caso accadesse qualcosa. Ma sceglierei... ci sono molte, molte persone là fuori che credo sarebbero molto brave.

Jonathan Karl, intervista a Donald Trump, *This Week*, ABC News, 2 agosto 2015

Nel maggio 2015, in un incontro a Livingston, New Jersey, è stato chiesto al candidato presidenziale Chris Christie [ritiratosi il 10 febbraio 2016, *N.d.r.*] se considerava Sarah Palin una sua compagna nella corsa. Ha risposto: "Certamente. Sceglierei qualcuno come Sarah Palin. Non ci sono molte persone che hanno una base così ampia come lei. A giudicare dalla vostra reazione oggi, perché no? In realtà, sceglierei Sarah Palin".

Trump, però, si mantiene aperte altre possibilità. Consapevole che la vicepresidenza è a un solo passo dalla presidenza, è prudente sulla scelta della Palin, per ragioni che non spiega, sebbene la fiacca intervista rilasciata dalla Palin a Katie Couric nel 2008 possa essere uno dei motivi.

Il 28 agosto 2015 la Palin ha intervistato Trump per One America News Network. Le due celebrità si sono incensate a vicenda. Lui ha detto a lei: "Se si guarda a ciò che sta avvenendo in questo paese, è così triste. Tu lo hai evidenziato per anni. Devo dirti che sei una persona incredibile... Una delle ragioni per cui mi sei sempre piaciuta, Sarah, è che hai un forte collegamento con i veterani".

PERCEZIONE PUBBLICA

Credo che la gente mi veda come qualcuno che ama il paese. Ma, ancora più importante, come qualcuno che non lascerà che la nostra grande nazione venga fatta a pezzi. Tutti ci stanno facendo a pezzi. E credo che [gli elettori] se ne rendano conto. Pensano che io sia un tipo intelligente. Pensano che io abbia fatto bene tutto quello che ho fatto. Ma forse, soprattutto, vedono una persona che ama questo paese, che ne è appassionato e che non lascerà più che la Cina e l'OPEC e tutta quella gente si avvantaggino su di noi. Vi dirò, se il petrolio sale ancora, questo paese subirà un grave collasso economico. Non ce lo possiamo permettere. Non possiamo permettere che accada. E credo che mi vedano come un tipo intelligente e tosto.

George Stephanopoulos, intervista a Donald Trump,
ABC News, 19 aprile 2011

Trump fa presa sui colletti blu americani perché tocca delle corde sensibili quando parla di resistere ai cinesi negli accordi sul commercio estero e di rimettere al lavoro gli americani. Jerry Hubbard, un pensionato che vive a Flint, Michigan, e che ha assistito alla devastante erosione dei posti di lavoro nel settore automobilistico della sua città, ha detto: "Lavoravo alla Fabbrica 36. È tutto sparito. È tutto macerie. Non si può distruggere un posto in quel modo. È stato il lavoro per la General Motors a costruire questo posto... Molto di ciò che dice tocca una corda dentro di me. Immigrazione e posti di lavoro che vanno in Cina, quest'area ne ha veramente sofferto. Semplicemente mi piace qualcuno che si batte per ciò di cui parla" (David Weigel, "Why Donald Trump makes sense to many voters – even some Democrats", *Washington Post*, 15 agosto 2015).

POLITICA SULL'IMMIGRAZIONE

In questo paese girano dei ceffi veramente brutti, e ce ne stiamo liberando. Li stiamo rimandando da dove sono venuti... I cattivi stanno per andarsene. Poi, dopo aver fatto questo, dobbiamo stare molto, molto attenti a quello che facciamo. E sto per formulare un piano che credo alla gente piacerà... Vedremo quello che c'è da vedere... Stiamo per fare quello che è giusto. Alcuni dovranno andarsene, e altri, ehi stiamo a vedere quello che succede. È una questione molto, molto grande e un argomento molto complicato.

John Cassidy, "Donald Trump's Troubles are Just Beginning", *New Yorker*, 28 luglio 2015

Secondo il Pew Research Center, ai dati 2014, c'erano 11,3 milioni di immigrati illegali negli Stati Uniti, dei quali il 52 per cento messicani. Gli immigrati illegali costituiscono il 5,1 per cento della forza lavoro totale (8,1 milioni di persone che lavorano o cercano lavoro) e nel 2012 circa il 7 per cento degli studenti sotto i 12 anni aveva almeno un genitore immigrato illegale.

Ad aggravare il problema c'è la labile frontiera tra Messico e Stati Uniti, che consente ai messicani, anche quando fossero deportati, di riattraversare il confine e trovare rifugio nelle città santuario, in cui la legge li protegge dall'accertamento del loro status di immigrati quando vengono arrestati.

In *Time to Get Tough: Making America #1 Again*, Trump ha tracciato un piano dettagliato con limitazioni fisiche, legali e politiche per arginare il flusso di immigrati illegali: costruire una barriera sul confine, assumere altri 25.000 agenti di frontiera, utilizzare i droni Predator, applicare le leggi sull'immigrazione, chiudere i centri di detenzione che sembrano più degli hotel che delle prigioni, opporsi al DREAM Act (nessuno sconto generoso sulle rette del college) e cambiare la legge che garantisce la cittadinanza statunitense a tutti i bambini nati nel paese, indipendentemente dallo stato legale dei genitori.

Più recentemente, in una presa di posizione postata sul sito web della campagna di Trump (www.donaldjtrump.com), ha aggiornato le sue posizioni, che si incentrano su tre punti chiave: "1) Una nazione senza frontiere non è una nazione. Ci deve essere un muro lungo la frontiera meridionale. 2) Una nazione senza leggi non è una nazione. Le leggi approvate secondo il nostro sistema costituzionale di governo devono essere applicate. 3) Una nazione che non serve i suoi cittadini non è una nazione. Qualsiasi piano di immigrazione deve migliorare i lavori, i salari e la sicurezza per tutti gli americani" ("Immigrant Reform That Will Make America Great Again", position paper).

Il piano comprende: "Far pagare il Messico per il muro... Difendere la legge e la costituzione degli Stati Uniti... Triplicare il numero degli agenti dell'ICE [Immigrations and Customs Enforcement, gli agenti di frontiera USA, *N.d.t.*]... Verifiche elettroniche in tutto il paese... Rimpatrio obbligatorio di tutti gli stranieri condannati... Detenzione in carcere, niente prendi-e-rilascia... Fermare i finanziamenti alle città santuario... Aumento delle pene per coloro che restano nel paese dopo la scadenza del visto... Cooperazione con la polizia che si occupa dei crimini delle gang locali... Eliminazione della cittadinanza per diritto di nascita".

Com'era prevedibile, le osservazioni incendiarie di Trump sugli immigrati illegali, in particolar modo provenienti dal Messico, hanno sollevato le proteste dell'opinione pubblica, specialmente tra la comunità ispanica.

Basandosi su un sondaggio tra una dozzina di ispanici repubblicani, Trump ritiene che nelle prossime elezioni gli ispanici voteranno a frotte per lui. Un altro sondaggio, curato da NBC News/*Wall Street Journal*, che ha riguardato 250 ispanici, disegna un quadro diverso: 13 per cento a favore di Trump, 14 per cento contro, 61 per cento totalmente contro, per un totale del 75 per cento (Philip Bump, "Shock Poll: Latinos really dislike Donald Trump", *Washington Post*, 3 agosto 2015).

Scrivendo sul *Washington Post* ("The false assumptions underlying Trump's immigration plan", 18 agosto 2015) Ruth Marcus cita il rapporto dell'Hamilton Project, che ha concluso: "L'opinione condivisa degli economisti è che le tasse pagate dagli immigrati e dai loro discendenti sono superiori ai benefici che ricevono, che sulla bilancia fanno segnare un valore positivo netto a favore del budget federale". E aggiunge: "Gli immigrati illegali non hanno diritto al welfare, ai buoni alimentari, all'assistenza sanitaria o alla sicurezza sociale o al trattamento di disoccupazione. Ma non c'è dubbio che spesso pagano le tasse federali e contribuiscono per oltre 12 miliardi di dollari alla sicurezza sociale senza poterne trarre nulla".

QUATTORDICESIMO EMENDAMENTO

Bene, prima di tutto, il Quattordicesimo Emendamento [sulla cittadinanza, *N.d.r.*] dice in modo molto, molto chiaro a un sacco di giuristi – non quelli televisivi ma quelli veri – che è sbagliato. Può essere corretto con un atto del Congresso, ma probabilmente non c'è bisogno nemmeno di questo.

Una donna è incinta. È di nove mesi, attraversa la frontiera, partorisce negli Stati Uniti e noi ci prendiamo cura del bambino per 85 anni. Non credo proprio.

E, a proposito, il Messico e praticamente qualsiasi altro paese in qualunque parte del mondo non fanno questo. Noi siamo gli unici abbastanza idioti, abbastanza stupidi da avere una legge così. E, per inciso, questo non riguarda solo il Messico. Stanno venendo dall'Asia per avere bambini qui, e all'improvviso noi dobbiamo prenderci cura del bambino per tutta la sua vita.

Se viene letto in senso stretto, il Quattordicesimo Emendamento – probabilmente deve essere controllato – deve passare attraverso un tribunale, probabilmente finire alla Corte suprema, ma ci sono un sacco di importanti giuristi che dicono che non è corretto.

Secondo me, la risposta è assolutamente no: siamo gli unici, l'unica fra le nazioni, che si prenderanno cura di questi bambini per 70, 80, 90 anni? Non credo proprio.

Ryan Teague Beckwith, "Full Text of the Second Republican Debate", Time.com, 16 settembre 2015

Trump si riferisce al fenomeno delle donne che si recano appositamente negli Stati Uniti per partorire in quel paese, garantendo così in modo automatico la cittadinanza a vita ai figli. Come ha sottolineato *Time* (Hannah Beech, "I Want an American Baby!", 27 novembre 2013): "Gli Stati Uniti sono una delle poche nazioni in cui la semplice nascita sul suolo conferisce la cittadinanza a un neonato. Questo principio ha favorito un turismo delle nascite, in cui le straniere incinte accorrono negli ospedali americani per assicurare un passaporto USA ai loro bambini. Sebbene le coppie straniere non possano acquisire la cittadinanza per se stesse, una volta che il loro bambino abbia compiuto 21 anni può, teoricamente, sponsorizzare i genitori per una futura cittadinanza USA. La quantità di cinesi che stanno mandando le loro famiglie e il loro denaro all'estero è più alta che mai... E tutto questo ha portato alla proliferazione dei cosiddetti 'bambini-ancora'. Almeno 10.000 di questi bambini cinesi sono nati in America lo scorso anno, secondo una stima diffusa da una piattaforma online dedicata al monitoraggio e alla valutazione dei centri di accoglienza per le donne cinesi che partoriscono negli Stati Uniti".

QUELLO CHE VUOLE LA GENTE

Credo che, più di ogni altra cosa, vogliano vederci di nuovo grandi. È il mio slogan, il mio slogan per intero è "Rendiamo di nuovo grande l'America". È un'idea di grandezza per il nostro paese. Sono stanchi di essere fatti a pezzi da ogni singolo paese che fa affari con noi. Che sia la Cina, il Giappone, il Messico, il Vietnam – che ora è ben presente negli Stati Uniti –, il Giappone con le auto. Sono stanchi di quello che accade, sono stanchi di avere i nostri... diciamo di non avere le nostre persone migliori e più intelligenti coinvolte nelle decisioni importanti, e di vederle piazzate da qualche altra parte. Vogliono vedere buoni accordi commerciali, vogliono vedere delle forze armate potenti. Vogliono vedere il debito ridotto, perché siamo al punto che tra poco raggiungeremo i 19.000 miliardi di dollari e loro, sapete, loro non possono proprio vedere questa cosa. Vogliono vedere che ci si prende cura dei nostri veterani, perché questo non accade, e vengono maltrattati. Ci sono molte cose che vogliono vedere. Ci sono molte cose che fanno rabbia in questo paese.

"*The Economist* interviews Donald Trump", a cura della redazione, Economist.com, edizione a stampa 3 settembre 2015

REINTRODUZIONE DELLA PENA DI MORTE

Trump ha pagato 85.000 dollari per una pubblicità su quattro quotidiani di New York, dopo alcuni attacchi a Central Park a una donna che faceva jogging e ad altri, il 19 aprile 1989, perpetrati da "rapinatori e assassini... Dovrebbero farli soffrire e, quando uccidono, dovrebbero essere giustiziati per i loro crimini".

Odio vedere questo paese che va al diavolo. Il resto del mondo ci ride dietro. Per riportare l'ordine e la legge nelle nostre città abbiamo bisogno della pena di morte e che venga restituita l'autorità alla polizia. Ho ricevuto quindicimila lettere di risposta positiva alle pubblicità sulla pena di morte. Ne ho ricevute dieci negative o leggermente negative... Quando un uomo o una donna uccidono a sangue freddo, devono pagare. Ciò fa di loro un esempio. Nessuno può sostenere l'idea che la pena di morte non sia un deterrente. O la riporteremo indietro velocemente, o la nostra società marcirà. Sta marcendo.

Glenn Plaskin, "Donald Trump", *Playboy*, marzo 1990

Trump è irremovibile sulla questione delle punizioni severe per i criminali efferati. Sostiene la pena capitale, le incarcerazioni prolungate, le politiche severe contro il crimine e la responsabilità dei giudici per le loro decisioni, li definisce "giudici perdonanti" (*The America We Deserve*). In quel libro scrive: "Le persone civilizzate non si comportano da barbari... Sarebbe stato da gente civile mettere Hitler in prigione? No, sarebbe stato un affronto alla civiltà... Non mi interessa se la vittima è un CEO o un addetto alle pulizie. Una vita è una vita, e se prendete una vita innocente in modo criminale farete meglio a essere pronti a perdere la vostra".

Nello stesso libro spiega la sua posizione sulla pena di morte: "Per sottolineare una cosa molto ovvia, il 100 per cento delle persone giustiziate non commette altri crimini. E sembra evidente (non abbiamo numeri su questo) che un sacco di gente che altrimenti commetterebbe un crimine da pena capitale si convince a non farlo perché sa che esiste la possibilità di morire a causa di questo".

I cinque giovani che furono accusati degli attacchi alla donna che faceva jogging a Central Park furono in seguito condannati e trascorsero tra i sei e i tredici anni in carcere. Ma nel 2002 un altro uomo, un assassino già in prigione, confessò lo stupro e disse di aver agito da solo. Lo stato, basandosi sulla prova del DNA (il suo sperma sulle calze della donna), annullò la sentenza contro gli uomini originariamente accusati del delitto. Nel 2014 la città di New York chiuse una causa da loro intentata con un risarcimento di 41 milioni di dollari.

Dal *New York Times* (Michael Wilson, "Trump Draws Criticism for Ad He Ran After Jogger Attack", 23 ottobre 2002): "Il 1° maggio 1989 Donald J. Trump acquistò quattro pubblicità a tutta pagina su quattro quotidiani locali per invocare il ritorno della pena di morte. Il signor Trump affermò che voleva che i 'criminali di qualsiasi età' accusati di aver malmenato e stuprato una donna che faceva jogging in Central Park 12 giorni prima 'avessero paura'".

I critici della pena di morte additano questo caso come prova che la fragilità umana può, e lo fa, condannare uomini innocenti a pene ingiuste; sostengono in alternativa la condanna a vita, che offre sempre un'opzione di salvezza, al posto di una condanna a morte irreversibile.

REPUBBLICANI

L'RNC [Republican National Committee, l'organo di coordinamento nazionale del partito repubblicano, *N.d.r.*] non mi ha sostenuto. Mi hanno sempre sostenuto quando ero un finanziatore. Ero il loro ragazzo dai capelli fatati... Credo che l'RNC sia stato molto stupido... Io non faccio parte della cricca. Io non faccio parte del gruppo, qualunque cosa si suppone che faccia. Io voglio fare quello che è giusto per il paese, non per i gruppi di interesse particolari che pagano, non per i lobbisti e i finanziatori.

Kevin Cirilli e Bob Cusack, "Exclusive: Trump threatens third-party run",
thehill.com, 23 luglio 2015

Date le sue preferenze, probabilmente l'RNC non avrebbe voluto che Trump corresse, perché si sta prendendo tutto lo spazio. Trump è stato al centro del palcoscenico nei primi tre dibattiti repubblicani, affiancato dagli altri candidati. Come ha detto il *Washington Post* ("As Republicans ready to debate...", 5 agosto 2015): "Al momento la storia principale è la candidatura di Trump. Chris Wallace, uno dei moderatori del dibattito, ha detto martedì sera su Fox 'Non vorremmo farlo diventare lo show di Donald Trump, ma lo è'".

SBILANCIO COMMERCIALE CINESE

Vedete, la Cina è come il Messico. Si stanno avvantaggiando degli Stati Uniti. Stanno ridendo tutto il tempo delle banche. Naturalmente risponderanno, e diranno essenzialmente: "Oh no, noi amiamo il nostro partner commerciale, gli Stati Uniti". Be', per forza ci devono amare, stanno facendo una fortuna sulle nostre spalle. Ma noi non ricaviamo niente da loro. Non ricaviamo niente da quell'accordo, credetemi. Se io diventerò presidente, tutto questo cambierà.

Jacob Karmas, "Donald Trump: I'm no 'Apprentice' When it Comes to Israel", JNS.org, algemeiner.com, 29 giugno 2015

Per come la vede Trump, le fortune, e le sfortune, degli Stati Uniti sono inestricabilmente legate agli accordi economici con la Cina, che lui ritiene manipolatori, specialmente in tema di valuta.

Come riferisce Mark Hensch in TheHill.com (12 agosto 2015) Trump afferma: "Ci stanno semplicemente distruggendo. Continuano a svalutare la loro moneta fino a che gli va bene. Stanno per fare un grosso deprezzamento dello yuan, e questo per noi sarà devastante. La Cina è diventata ricca sulle nostre spalle. Si è ricostruita con il denaro e i posti di lavoro che ha succhiato agli Stati Uniti".

Assistendo al tumulto internazionale dei mercati azionari in tutto il mondo come reazione alla manipolazione valutaria cinese dello yuan, che ha causato una perdita di 1000 punti del Dow Jones, Trump ha twittato: "Come ho detto più volte, siamo così legati alla Cina e all'Asia che i loro mercati ora stanno trascinando giù il mercato statunitense. Diventate intelligenti, Stati Uniti... I mercati stanno crollando, tutto causato da pessima pianificazione e dall'aver consentito alla Cina di dettare l'agenda. Questo potrebbe essere veramente un casino! Votate Trump" (24 agosto 2015).

SCETTICISMO

Primo, hanno detto che non avrei mai corso e l'ho fatto. Poi, hanno detto che non avrei mai fatto la mia dichiarazione di candidatura per la FEC (Federal Election Commission), e l'ho fatto. In seguito hanno detto che non avrei mai presentato il modulo per la diffusione dei miei dati finanziari personali. L'ho fatto prima del termine, nonostante avessi a disposizione due proroghe di 45 giorni ciascuna... Ora sto avanzando nei sondaggi e sto combattendo per rendere di nuovo grande l'America. Non vedo l'ora di avere la possibilità di vincere la presidenza e fare un lavoro fantastico per il nostro paese. Renderò gli Stati Uniti di nuovo ricchi, forti e rispettati, ma anche una nazione con un "cuore grande" nella cura della nostra gente.

Igor Bobic, "Donald Trump's Team Says His 'Massive' Net Worth Is More Than 'TEN BILLION DOLLARS'", huffpost politics, huffingtonpost.com

Il periodico interesse di Trump a essere il POTUS (President Of The United States) è iniziato nel 1998, quando un attivista del partito repubblicano di nome Mike Dunbar diede vita a un movimento per la sua candidatura perché, come disse alla Associated Press: "Penso che Trump abbia ciò che serve". Sebbene

Trump avesse negato di voler correre per la nomination, nell'ottobre 1987 si recò nel New Hampshire dove rilasciò alcuni commenti politici. In seguito riconobbe che quegli avvenimenti fecero nascere in lui l'interesse per la politica presidenziale perché "piantarono il seme". In occasione della corsa alla presidenza del 2000, Trump disse al *New York Times*: "Esiste una forte possibilità che io corra". Lo avrebbe fatto, disse, nell'Independence Party di New York. Alcuni mesi dopo, tuttavia, si ritirò sostenendo che non poteva vincere come indipendente.

I media riferirono che prese in considerazione l'idea di correre nel 2006, ma è stato nel 2012 che ottenne parecchia attenzione attaccando il presidente Obama e sostenne di volerlo affrontare in un confronto a due per vanificare la ricandidatura del presidente uscente. Però, ancora una volta, si ritirò.

Non sorprende che nel 2016 gli elettori abbiano pensato che potesse essere un'altra promessa fasulla di Trump. Tuttavia questa volta ha fatto il passo decisivo di dichiarare la sua candidatura.

Nel suo libro del 1990 *Trump: Surviving at the Top* nega ogni interesse per gli incarichi pubblici, sostenendo: "Non sono un politico. Non voglio essere coinvolto in compromessi, strette di mano cordiali e tutte le altre cose degradanti che dovete fare per ottenere voti".

Però i tempi sono cambiati, e così anche le idee di Trump sulla corsa per la carica politica più importante degli Stati Uniti.

SCOMMESSA PRESIDENZIALE

Quando gli è stato chiesto: "Vede la sua scommessa simile alla campagna presidenziale indipendente di Ross Perot nel 1992?".

No, non considero Ross Perot un movimento. Questo è un movimento. È un movimento diverso che credo non abbiate mai visto prima. Arrabbiati, tristi, delusi, devastati da quello che è successo al paese. In lutto. Alcune di queste persone hanno perso i figli a causa di immigrati illegali, sono in lutto. Oggi ho parlato con una delle madri che sono venute a vedermi, ha perso suo figlio cinque anni fa. Era come se fosse successo ieri. Le loro vite sono [imprecazione] finite. Non sarà mai più felice.

La campagna è per rendere di nuovo grande l'America.

Robert Costa, "Listening to Donald Trump swear and talk politics on his private plane", *Washington Post*, 12 luglio 2015

James Surowiecki del *New Yorker* ha riassunto la questione: "Non potreste chiedere una migliore immagine della complessità degli atteggiamenti dell'uomo medio americano verso le classi sociali, la ricchezza e l'identità sociale del fatto che la popolarità di un miliardario tra gli elettori della classe operaia gli ha conferito la prima posizione per la nomination presidenziale repubblicana. In un recente sondaggio di *Washington Post*/ABC Trump era la scelta di un buon terzo dei bianchi repubblicani senza istruzione superiore" ("Donald Trump's Sales Pitch", 10 agosto 2015).

SCONFIGGERE L'ISIS

Ho un sistema incredibile per sconfiggere l'ISIS, e sarà decisivo, veloce e fantastico. Molto chirurgico... (*forze di terra? droni?*) Se ve lo dico ora, tutti diranno "Wow, che grande idea". Ci saranno dieci candidati che la useranno e nessuno si ricorderà chi l'ha avuta. Che sono io.

Jon Green, "Donald Trump's insane interview with the *Des Moines Register*", americablog, 2 giugno 2015

Se esistesse una soluzione facile – un colpo decisivo – per spazzare via l'ISIS, l'esercito americano e i suoi alleati l'accoglierebbero a braccia aperte. Come per tutte le cose della guerra, tuttavia, raramente esistono soluzioni semplici e chirurgiche: dopo la caduta di Saddam Hussein, che teneva l'Iraq sotto il pugno di ferro e il cui governo impediva ai gruppi terroristi di mettere radici nel suo paese, si è creato un vuoto di potere. Come ha sottolineato Majid Karimi, un giornalista mediorientale: "L'ISIS... ha le sue radici nel gruppo di al-Qaeda in Iraq dopo la caduta del regime di Saddam Hussein. Al-Baghdadi, un religioso sunnita estremista, è stato un leader di al-Qaeda in Iraq fino al 2010 e poi ha abbandonato l'organizzazione e creato l'ISIS quando i gruppi islamisti hanno iniziato a combattere Bashar al-Assad... Senza dubbio l'ISIS trae vantaggio dalle diverse politiche di breve termine degli attori regionali e internazionali. È un argomento complicato con molte fazioni e giocatori dietro le quinte" (Majid Karimi, "What makes it difficult to fight ISIS?", Rappler.com, 14 aprile 2015).

Come sottolinea Karimi, non ci sono risposte semplici, soluzioni veloci o rimedi facili, nonostante quello che Trump, o chiunque altro, sostiene.

SECONDO EMENDAMENTO

È fondamentale che manteniamo il Secondo Emendamento [sul diritto di possedere armi, *N.d.r.*] e che lo difendiamo strenuamente. Una delle ragioni principali è che le brave persone, i moralmente onesti, seguono le leggi e le regole ma i cattivi non lo fanno. Quindi se il Secondo Emendamento non fosse lì a proteggere i nostri diritti e qualcuno pasticciasse con essi, le brave persone ne subirebbero le conseguenze, ma a quelle cattive non importerebbe; non potrebbe importargliene di meno.

Parigi ha virtualmente le leggi più restrittive di qualsiasi altro posto, ma guardate il massacro di *Charlie Hebdo*, ed è proprio questo che è stato: un massacro in cui le persone non hanno avuto alcuna possibilità. E io dico che se le persone in quella stanza avessero avuto delle armi il risultato sarebbe stato dannatamente migliore di come è finita, cioè sono state massacrate a piacimento.

A.W.R. Hawkins, "Exclusive – Donald Trump: We Must Maintain 2nd Amendment 'In Its Strongest Form'", Breitbart News, 11 aprile 2015

La rivista satirica *Charlie Hebdo* è stata attaccata dai terroristi non una sola volta, ma tre: nel 2011, 2012 e 2015, a causa di alcune vignette percepite come blasfeme perché prendevano in giro Maometto. Il terzo attacco ha causato la morte di dodici persone.

Immediatamente dopo, la tiratura della rivista è esplosa da 60.000 copie (la solita) a 5 milioni, con tutti i ricavi devoluti alle famiglie delle vittime.

Dopodiché il nuovo direttore della rivista, Laurent Sourisseau, ha affermato che non pubblicherà più vignette satiriche su Maometto. Si tratta di un affronto alla religione musulmana e di un catalizzatore per i terroristi, specialmente per la filiale yemenita di al-Qaeda che ha rivendicato la responsabilità dell'attacco.

SNOWDEN, EDWARD

Sapete, ai vecchi tempi si usava giustiziare le spie. In alcuni circoli, questo tizio sta diventando un eroe. Ora direi che con il passare del tempo anche persone che in qualche modo lo apprezzavano e che tentavano di stare dalla sua parte lo stanno abbandonando... Dobbiamo riaverlo indietro e alla svelta. Ci possono volere mesi o anni, e questo sarebbe patetico. Questo tizio è una cattiva persona e sapete, c'è ancora una cosa che si chiama pena capitale... Abbiamo migliaia di persone con accesso a materiale di questo tipo. Non avremo più una nazione.

Kristin Tate, "Donald Trump: NSA Whistleblower Snowden Should Be 'Assassinated'", mrconservative.com, senza data

La posizione di Trump: nessuna pietà per i traditori. In un'intervista a *Fox & Friends*, citata da Tal Kopan su Politico.com ("Trump: Snowden 'really hurt us'", 24 giugno 2013), Trump ha affermato che Snowden è "un tizio terribile che ha messo veramente in difficoltà il nostro paese... Sta rivelando cose che nessuno pensava possibili, e credo che probabilmente ne abbia altrettante; forse è per questo che resta in Russia. La Russia è molto intelligente, e probabilmente stanno tirandogli fuori tutto il possibile. Stanno dicendo: 'Aspettate un minuto, non lasciamolo andare in Ecuador o dovunque stia andando. Parliamo con lui ancora per un paio di giorni. Questa è roba buona'".

"SOMARO"

Dovrei rispondere OK all'accusa di essere un somaro? Uno deve replicare.

Francesca Bacardi, "Donald Trump Slams Anderson Cooper During Interview: 'The People Don't Trust You' – Watch Now!", 23 luglio 2015

A *CBS This Morning* (21 luglio 2015) il senatore Lindsey Graham ha affermato: "Non mi importa se abbandona. Può anche restare in gara, ma smetta di fare il somaro. Uno non deve correre per fare il presidente ed essere il più grande somaro del mondo". In seguito, quello stesso giorno, parlando con Kate Bolduan di CNN, Graham ha articolato meglio: "Sta diventando un somaro in un momento in cui abbiamo bisogno di un dibattito serio sul futuro del partito e del paese. Questa è la linea che ha oltrepassato, e questo è l'inizio della fine di Donald Trump... sono veramente irritato".

Nel marzo del 1990, in un'intervista a *Playboy*, Trump ha spiegato: "Quando qualcuno tenta di accoltellarmi alla schiena, quando vogliono il mio culo, allora colpisco di rimando molto più duramente. Se qualcuno cerca di prendermi in giro, deve pagare un prezzo. Questa gente non si ripresenta per averne un'altra razione. Non mi piace essere preso in giro o messo sotto".

Il prezzo pagato da Graham è stato diventare oggetto degli

attacchi di Trump. Trump, che aveva finanziato la campagna per la rielezione di Graham nel 2014 con 2600 dollari, ha chiesto: "Chi è questo tizio? Un mendicante?". Poi ha condiviso il numero di cellulare del senatore con il suo pubblico e ha parlato di lui: "Quando ottenete zero nei sondaggi, che diavolo, non avete niente da perdere" (Andrew Shain, "'Jackass', 'idiot': Graham, Trump trade barbs", TheState.com, 21 luglio 2015).

In seguito Graham si è comprato uno smartphone e ha cambiato il suo numero privato.

STRACCIARE I CONCORRENTI

Quando gli è stato chiesto: "Perché lei è l'ultima persona che [i democratici] vorrebbero vedere in gara?".

Perché credono che sarei il più efficace per battere Hillary Clinton. Perché io so che cosa ci vuole per vincere. Io so come vincere. Mitt Romney non sapeva come vincere. Mitt Romney si è bloccato. Mitt Romney ha fatto una pessima chiusura di campagna. Mitt Romney è scomparso un mese prima delle elezioni.

Heather Haddon, "Donald Trump Interview:
'I Don't Want to Be Disruptive'",
Wall Street Journal, 19 giugno 2015

TASSE

Penso a quella cosa della *flat tax*, la conosco molto bene. Quello che non mi piace è che se state facendo 200 milioni di dollari all'anno, pagate il 10 per cento; molto poco se paragonato a qualcuno che sta facendo 50.000 dollari l'anno e deve rivolgersi a un commercialista per preparare i moduli, perché sono così complicati.

Una cosa che dirò al candidato presidenziale Ben [Carson] è che noi abbiamo avuto un sistema fiscale progressivo per tantissimi anni, quindi non è una cosa socialista. Quello che mi piacerebbe fare, e che metterò nel piano in circa due settimane e credo piacerà molto alle gente, è una forte riduzione delle tasse. Una forte riduzione per la classe media. Non piacerò più ai ragazzi degli hedge fund come una volta. Li conosco tutti, ma pagheranno di più.

Conosco persone che stanno facendo una montagna di soldi, e praticamente non pagano le tasse, e questo non è giusto.

Ryan Teague Beckwith, "Full Text of the Second Republican Debate", Time.com, 16 settembre 2015

Il 28 settembre 2015, lo staff di Trump ha diffuso il piano fiscale del candidato. Trump propone che coloro che guadagnano da 25.000 dollari in giù (50.000 per le coppie) non paghino tasse. La percentuale di tasse più elevata sarà il 25 per cento (attualmente è il 39,6 per cento). Inoltre, le tasse sul business saranno ridotte al 15 per cento e gli utili esteri saranno tassati solo una volta. Il piano elimina un'importante scappatoia fiscale per i manager di hedge fund, ma la mantiene per i proprietari di private equity. Riguardo al piano, Trump afferma: "Il mio piano porterà ragionevolezza, buon senso e semplificazione nel nostro catastrofico sistema legislativo fiscale. Creerà lavoro e incentivi di ogni genere e contemporaneamente farà crescere l'economia" (Monica Langley e John D. McKinnon, "Trump Plan Cuts Taxes for Millions", *Wall Street Journal*, 29 settembre 2015, www.wsj.com/articles/trump-plan-cuts-taxes-for-millions-1443427200).

VACCINAZIONI E AUTISMO

Quando gli è stato chiesto: "Lei ha scritto che grandi quantità di vaccini combinati inoculati in bambini molto piccoli sono la causa di un forte aumento dell'autismo. Spalmiamo le iniezioni su un periodo lungo e vediamo i risultati positivi. Sostiene ancora questa posizione, Donald Trump?".

Sì, è così, e lasciatemi spiegare rapidamente. Sono un assoluto sostenitore delle vaccinazioni, al 100 per cento, nessuno ci crede più di me. Ciò che non mi piace è vedere un bambino di 9 chili che subisce un'unica massiccia inoculazione con ogni genere di cosa mischiata. Mi piacerebbe che le iniezioni fossero spalmate, perché, vede, la nostra percentuale di autismo è a livelli mai visti prima. Ai vecchi tempi non si sentiva neanche parlare di autismo, e ora è a un livello così alto, specialmente nei maschi, a livelli che nessuno può credere. Dico che voglio le vaccinazioni al 100 per cento, ma dovrebbero essere spalmate. Dosi più piccole in un periodo di tempo più lungo. Quindi spalmatele in un anno. In questo non c'è niente di male, e credo che l'autismo diminuirebbe.

Hugh Hewitt, "Donald Trump on 2016 and Trolling the GOP", HughHewitt.com, 25 febbraio 2015

I Centers for Disease Control and Prevention (CDC, l'ente che negli Stati Uniti si occupa del controllo epidemiologico, *N.d.t.*) affermano sul loro sito web: "Alcune persone hanno espresso la preoccupazione che la ASD [Autism Spectrum Disorder, disturbi dello spettro autistico] possa essere collegata alle vaccinazioni nei bambini, ma gli studi hanno dimostrato che non esiste un legame tra essere vaccinati e sviluppare la ASD... Uno studio dei CDC del 2013 ha proseguito la ricerca dimostrando che i vaccini non causano la ASD. Lo studio ha preso in esame il numero di antigeni... dai vaccini durante i primi due anni di vita. Il risultato ha mostrato che il numero totale di antigeni provenienti dai vaccini ricevuti era uguale nei bambini con ASD e in quelli che non avevano ASD" ("Vaccines Do Not Cause Autism", CDC Statement: Pediatric Papers on MMR and Autism, CDC.gov).

VETERANI

Guardate quello che sta accadendo con i veterani. Vengono trattati come cittadini di terza classe. Quanto sta accadendo è orribile, e John McCain è così coinvolto con i veterani, ma non fa nulla perché in definitiva sono politici.

Michelle Moons, "Trump Interview: 'Admire Palin,' Political Media 'Amazingly Dishonest,' Real Climate Change 'Nuclear'", Breitbart News, 27 luglio 2015

Quando Trump ha affermato che il senatore John McCain non è un eroe di guerra, ha sollevato una battaglia sui media. Trump, che ha frequentato una scuola militare di preparazione all'accademia, non ha mai servito nell'esercito degli Stati Uniti, ma c'è chi sostiene che ha lavorato bene per i suoi veterani, come Vincent McGowan (il leader del Vietnam Veterans Group di New York) in un articolo su ABCNews.go.com (John Santucci, "Leader of New York Veterans Group Defends Donald Trump", 20 luglio 2015). McGowan ha spiegato che quando la costruzione del Vietnam Veterans Plaza – il memoriale dedicato ai veterani della guerra del Vietnam eretto a Manhattan – si è bloccata, Trump ha creato un fondo del valore di 1 milione di dollari che è stato determinante per completare i lavori.

Secondo quanto riferisce ABCNews.go.com, l'organizzazione si è rivolta a Trump anche nel 1995 per sostenere un corteo dei veterani. Trump ha donato 175.000 dollari alla causa, e ha offerto l'uso del suo elicottero per trasportare i membri dello staff per tutta la città. Inoltre "McGowan ricorda un caso particolare di qualche anno fa, un sergente di squadra che si era appena ritirato dopo dieci anni di servizio, che voleva vedere New York ma si trovava in cattive acque. McGowan chiamò Trump, che offrì al veterano un tour della Trump Tower, lo portò a pranzo e gli diede un assegno di 10.000 dollari per riavviare la sua istruzione".

WATERBOARDING

Io sarei incline alle maniere forti. Quando le persone tagliano la testa di altre persone e noi siamo preoccupati del waterboarding, non dovremmo, perché non ho dubbi che funzioni. Non ho alcun dubbio.

Jonathan Karl, intervista a Donald Trump,
This Week, ABC News, 2 agosto 2015

"Il waterboarding è in circolazione da secoli. Era una tecnica di interrogatorio comune durante l'Inquisizione italiana del 1500 e il suo utilizzo più famoso è forse quello nelle prigioni cambogiane durante il regime dei Khmer rossi negli anni Settanta. Fino a novembre 2005, il waterboarding era sulla lista delle 'tecniche avanzate di interrogatorio' approvate per l'uso contro i sospetti terroristi molto importanti. Secondo alcuni promemoria diffusi dal Dipartimento di giustizia USA nell'aprile 2009, il waterboarding era tra le dieci tecniche di tortura autorizzate per l'interrogatorio di un agente operativo di al-Qaeda. In poche parole, il waterboarding fa sentire una persona come se stesse annegando" (Julia Layton, "What is waterboarding?", HowStuffWorks.com, http://science.howstuffworks.com/water-boarding.htm).

La posizione di Trump su come trattare i membri dell'ISIS ricorda molto un codice legislativo che risale al re babilonese Hammurabi (ca. 1792-1750 a.C.). Il prologo alla lista delle 282 leggi draconiane stabilisce che ha voluto "rendere la giustizia visibile nel paese, distruggere le persone malvagie e coloro che fanno il male, che il forte non potesse ferire il debole". Dal Codice di Hammurabi abbiamo tratto la popolare espressione "occhio per occhio, dente per dente".

2
Trump e il business

ARTE DI FARE AFFARI

A George Stephanopoulos.

Ho avuto pochi insuccessi, George. E se mi capita, provo e lo rendo un successo. Per esempio, se un mercato crolla nel bel mezzo di un grosso progetto edilizio, cosa che è successa un gran numero di volte, faccio di questo progetto un successo ancora maggiore.

Torno dalle banche. Combatto. Apro un negoziato. Faccio di tutto. Ho avuto affari che avrebbero dovuto finire in disastro e lo sarebbero stati per la maggior parte della gente, e sono diventati dei grandi successi, addirittura più grandi che se il mercato fosse rimasto positivo.

Ma devo dire questa cosa più di qualsiasi altra, devi imparare dai tempi difficili. Io ho imparato molto.

George Stephanopoulos, intervista A Donald Trump,
This Week, ABC News, 23 agosto 2015

ASPIRAZIONI

Mi piace la sfida e per questo racconto la storia del figlio del minatore di carbone. Il minatore di carbone prende la "malattia del polmone nero", la prende il figlio e poi il figlio del figlio. Se fossi stato il figlio di un minatore di carbone, avrei abbandonato le dannate miniere. Ma la maggior parte delle persone non hanno l'immaginazione – o qualunque cosa sia – per lasciare la loro miniera. Non hanno il "quid".

Glenn Plaskin, "Donald Trump",
Playboy, marzo 1990.

Il padre di Donald, Fred, trascorse la vita a costruire edifici low-cost fuori Manhattan, ma quasi subito Donald gli chiarì di non essere interessato a seguire i suoi passi, invece voleva indossare i suoi bei stivali e attraversare l'East River che separa il South Side da Manhattan, dove puntò lo sguardo in alto, verso i grattacieli della città.

È indubbio che "The Donald" [come viene chiamato Trump *N.d.r.*] ha impresso il suo nome a grandi lettere su alcuni tra gli edifici più imponenti di New York. Suo padre fu un milionario di successo, il figlio è diventato un miliardario di successo.

"Se ho avuto un vantaggio rispetto a mio padre, potrebbe essere stato nelle idee; l'idea di un palazzo. E potrebbe anche essere stato nella 'portata'. Preferisco vendere appartamenti ai miliardari che vogliono vivere nella Quinta e nella 57esima Strada, piuttosto che appartamenti alla gente di Brooklyn, che sono persone meravigliose ma che finiranno per fregarmi perché ogni penny è importante... Ero solito stare sull'altro lato dell'East River e guardare Manhattan" (David Hochman, intervista a Donald Trump, *Playboy*, ottobre 2004).

AUTOPROMOZIONE

Perché se non lo fai tu, probabilmente non lo farà nessun altro. Che stia costruendo i migliori palazzi a Chicago, New York, California o dovunque mi capiti di farlo, penso di avere la fama di essere un grande promoter. Effettivamente, ciò che sono è un grande costruttore. Ho costruito grandi cose e ho avuto successo, e tutti ne parlano. Mi piace essere ricordato come qualcuno con un alto standard di gusto che ha portato a termine il lavoro e inoltre ha fatto lavorare molte persone, fatto molti soldi per i poveri e nutrito molte famiglie.

Glenn Plaskin, "Donald Trump",
Playboy, marzo 1990

BRAND PERSONALE

Un brand risparmia tempo al pubblico. Il pubblico riconoscerà una marca eccezionale perché il nome garantirà lo standard. Elimina l'incertezza. Chanel lo ha fatto con la moda e i profumi e ha avuto un grande successo.

È già stato fatto in precedenza, ma il brand Trump comprende molte cose: non è solo bei palazzi ma anche campi da golf, libri, uno show televisivo di successo, una linea di abbigliamento e profumi per uomo, una catena di hotel. E la lista va avanti. Ma ogni aspetto del brand Trump significa il meglio, perché questo è il nostro standard.

Il primo palazzo in cui ho utilizzato il mio nome è stato la Trump Tower, che è diventata un sito turistico di punta ed è ancora bella come quando è stata aperta nel 1983. Quello per me è stato l'inizio del brand Trump.

Geoffrey James, "7 Smart Things Donald Trump Told Me",
Inc.com, 2 maggio 2012

BUSINESSMAN COME PRESIDENTE

Be', io sono stufo di politici come presidenti perché vedo il lavoro schifoso che fanno e sono proprio stanco di questo. E penso che un sacco di persone lo siano. E, lo sapete, puoi fare un grande lavoro come uomo d'affari, non c'è niente di male. Voglio dire, se Jack Welch, che ha diretto General Electric in modo brillante per 22 anni, volesse essere presidente dovrebbe essere presidente; lui è grande. Ora, lui non correrebbe per la presidenza, non vorrebbe correre. Ma è un uomo brillante che ha fatto un lavoro straordinario. Sarebbe un presidente fantastico.

"Donald Trump announces plans to form presidential exploratory committee", *Larry King Live*, cnn.com, 8 ottobre 1999

CLASSE LAVORATRICE

Amo la proprietà immobiliare, amo i palazzi. Ora sto costruendo la più alta torre residenziale proprio di fronte alle Nazioni Unite. La amo. Amo andare lì. E amo stare con i lavoratori. Mi piace camminare sul cemento. Voglio dire, è difficile crederci. Queste sono le persone che davvero vogliono votare per me, le persone che costruiscono questi palazzi, tutti questi palazzi in giro per il paese. I lavoratori sono quelli a cui veramente piaccio.

Ho detto spesso: i ricchi mi odiano e i lavoratori mi amano. Ora, i ricchi che mi conoscono mi amano, ma quelli che non mi conoscono mi detestano veramente.

"Donald Trump announces plans to form presidential exploratory committee",
Larry King Live, cnn.com, 8 ottobre 1999

CONSIGLI AGLI IMPRENDITORI

Dovete amare quello che fate. Senza passione è difficile raggiungere un grande successo. Un imprenditore avrà vita dura se non è appassionato di quello che sta facendo. Le persone che amano quello che fanno non mollano. Non lo prendono neanche in considerazione. È una formula molto semplice.

Guy Kawasaki, "Ten Questions with Donald Trump",
GuyKawasaki.com, 25 gennaio 2007

COPERTURA STAMPA

Mark, sei un perdente totale e il tuo libro (e i tuoi scritti) fanno schifo!
Tanti auguri, Donald.
P.S. E ho sentito che vende male.

Ben Terris, "Donald Trump's handwritten war with the press", *Washington Post*, 17 giugno 2015

A Trump chiedono spesso delle interviste, che lui vede come un'arma a doppio taglio: la copertura stampa aiuta a costruire il suo brand, ma la stampa negativa lo appanna. Il profilo di Trump fatto da Mark Singer in *Character Studies* (Mariner Books, 2005), ripreso dal *New Yorker* ("Trump Solo", 19 maggio 1997) evidentemente gli è andato di traverso. Nell'articolo Trump disse a Singer: "Penso che la cosa che so fare peggio è gestire la stampa. Mi rappresenta come un lanciafiamme pazzo, mentre penso di essere molto diverso. Penso di essere ritratto in modo totalmente inesatto".

Quando Singer si chiede se Trump abbia o no un'anima, cammina sul ghiaccio sottile. Non c'è da stupirsi, quindi, che in uno dei suoi libri (*Trump: The Art of the Comeback*), Trump intitoli un capitolo "La stampa e altri germi".

DIVENTARE RICCO

Certe persone non sono fatte per essere ricche... È qualcosa che hai, qualcosa con cui sei nato. Molte persone non hanno la capacità di essere ricche perché sono tropo pigre o non ne hanno il desiderio o la perseveranza. È un talento. Alcune persone hanno talento per il pianoforte. Alcuni hanno talento per crescere una famiglia. Alcuni hanno talento per il golf. Io capita che abbia talento per fare soldi.

David Hochman, intervista a Donald Trump,
Playboy, ottobre 2004

FALLIMENTO

Bene, agli inizi degli anni '90 ero in grande difficoltà perché i mercati immobiliari erano crollati; molti dei miei amici andarono in fallimento, e di loro non si sentì più parlare. Io non sono mai fallito, ma sono stato in profonda difficoltà e ora la mia società è molto più grande, molto più forte di quanto lo sia mai stata. Perciò non vedo me stesso come qualcuno che è "ritornato". Ma quando parlo ci sono migliaia di persone che vengono ad ascoltare i discorsi sul successo e su qualunque altra cosa. Se avessi avuto una vita semplice, facile, queste folle non esisterebbero.

Gaby Wood, intervista a Donald Trump,
TheGuardian.com, 7 gennaio 2007

Trump non ha mai dichiarato personalmente fallimento e quindi dice ai media che non è mai fallito. Il "Dizionario legale" di James Hirby sarebbe d'accordo... fino a un certo punto: "Trump in persona non ha mai presentato istanza di fallimento, ma le sue società l'hanno fatto quattro volte utilizzando il Chapter 11 della legge sulla bancarotta... In base al Chapter 11, alla società è consentito continuare a operare ristrutturandosi e riducendo il suo debito. Permettendo al business di continuare, i dipendenti mantengono il loro lavoro e la società continua a produrre ricavi. I debiti societari continuano a dover essere pagati ma possono essere ridotti. La società deve produrre un piano di rientro e un budget. Entrambi devono essere approvati dai creditori e dal tribunale". Hirby cita i quattro fallimenti aziendali: nel 1991 il Trump Taj Mahal; nel 1992 il Trump Plaza Hotel ad Atlantic City; nel 2004 i Trump Hotels and Casino Resorts; e nel 2009 i Trump Entertainment Resorts (informazioni controllate dallo staff del *The Law Dictionary* per conto di TheLawDictionary.org).

Come lo stesso Trump ha detto in un'intervista a *Playboy* nell'ottobre 2004: "All'inizio degli anni '90 avevo fatto ricorso in modo rilevante alla leva finanziaria quando il mercato immobiliare crollò. Avevo chiesto in prestito grandi somme e avevo ingenti debiti... Il periodo in cui ho lavorato più duramente nella mia vita è stato tra il 1990 e il 1994, ma il mio business ora è più grande e più forte di prima. Non vorrei doverlo rifare ancora, ma ho imparato che il mondo può cambiare in un attimo e questo fa mantenere le cose in prospettiva".

Nel capitolo 1 di *Trump: The Art of the Comeback*, il miliardario racconta tutto ai suoi lettori, spiegando che il 26 marzo 1991 le notizie sulla prima pagina sia del *New York Times* sia del *Wall Street Journal* "predicevano la mia fine, dettagliando i problemi finanziari che stavo vivendo. Chiunque con un po' di cervello avesse letto queste notizie avrebbe detto che ero finito. Gli articoli furono ritrasmessi da radio e televisione ed esplosero in tutto il mondo. Fu senza dubbio il peggior momento della mia vita".

Trump, in quel momento, doveva alle banche circa 1 miliardo di dollari perché aveva dato la sua garanzia personale per prestiti che ammontavano a 3,7 miliardi. Nello stesso libro descrive il seguente episodio: "Un giorno, mentre scendevo per la

Quinta Strada mano nella mano con Marla [Maples], indicai al di là della strada un uomo con una tazza in mano e un cane per ciechi. Chiesi: 'Sai cos'è quello?' e Marla mi disse: 'Sì, Donald, è un mendicante. Non è una cosa terribile? Sembra così triste!'. E io dissi: 'Hai ragione, è un mendicante, ma ha 900 milioni di dollari più di me'. Lei mi guardò e chiese: 'Che cosa vuoi dire Donald? Com'è possibile che sia più ricco di te di 900 milioni di dollari?' e io risposi: 'Immaginiamo che non valga niente (solo dal punto di vista dei dollari), io sono a meno 900 milioni'".

GOLF

Il golf è lo sport del business... Sul campo da golf ho concluso affari che non avrei mai chiuso nel corso di un pranzo di lavoro. Ho persino detto a quelli della Wharton: "Dovreste tenere un corso di golf". È qualcosa che ha a che fare con il cameratismo. Arrivi a conoscere meglio le persone, sono il tuo partner. Ho sempre detto su Obama che non importa se gioca a golf, ma dovrebbe giocare con persone con le quali vuole fare accordi.

Daniel Roberts, "Donald Trump: Let golf be for the rich elite",
Fortune.com, 1° luglio 2015

IMPRENDITORI

Chi decide di diventare imprenditore deve fare le sue ricerche e deve essere molto appassionato di ciò che sta facendo. La passione è l'ingrediente numero 1 per il successo... perché è necessaria per sopportare le sfide e le difficoltà che uno deve fronteggiare.

Devi credere completamente in quello che fai, una conoscenza del business è utile, ma direi che passione, slancio e focus sono cruciali. È utile leggere libri di persone di successo... Uno buono per gli imprenditori è quello che ho scritto con Robert Kiyosaki, *Midas Touch*.

Geoffrey James, "7 Smart Things Donald Trump Told Me",
Inc.com, 1° maggio 2012

NEGOZIAZIONE

Bene, come ho detto, io studio le persone e in ogni negoziazione valuto quanto devo apparire brutale. Posso essere un killer o un bravo ragazzo. Devi essere tutto. Devi essere forte. Devi essere dolce. Devi essere spietato. E non penso che nessuna di queste cose si può imparare. O ce l'hai o non ce l'hai. E questo è il motivo per cui la maggior parte dei bambini possono prendere voti alti a scuola ma falliscono nella vita.

Glenn Plaskin, "Donald Trump",
Playboy, marzo 1990

Citando se stesso come un maestro di negoziazione, Trump ritiene che i politici, gli ambasciatori e i negoziatori commerciali del suo paese non abbiano capacità sufficienti nell'arte della negoziazione.

In *The Art of the Deal* spiega: "Il mio stile di conclusione degli affari è abbastanza semplice e diretto. Punto molto in alto e poi mi limito a continuare a spingere, spingere, spingere per ottenere quello che voglio. Qualche volta mi accordo per meno di quanto cercavo, ma nella maggior parte dei casi ottengo quello che mi prefiggo".

OPPORTUNITÀ DI BUSINESS

La mia teoria è che ci sono sempre opportunità. Possono essere più difficili da trovare, ma sono lì. La ricerca è complessa e uno deve essere diffidente. Tuttavia, io sono un cauto ottimista e penso che è meglio focalizzarsi sulla soluzione piuttosto che sul problema. L'attuale economia è indubbiamente difficile ma focalizzarsi solo sulle difficoltà non è un buona soluzione né un buon approccio. È anche un grande momento per diventare innovativi, che è ciò che serve. La mia strategia è stare di vedetta in cerca di opportunità. Si trovano lì.

Dick Donahue, intervista a Donald Trump e Robert Kiyosaki, PublishersWeekly.com, 3 ottobre 2011

PAGARE LE TASSE

Lotto fino allo stremo per pagare il meno possibile per due ragioni. Numero uno, sono un uomo d'affari. E questo è quello che ci si aspetta che faccia... L'altra ragione è che odio il modo in cui il governo spende le nostre tasse. Odio il modo in cui sprecano i nostri soldi. Migliaia e migliaia di miliardi di dollari di spreco e abuso. E io odio questo.

Jason Howerton, "Donald Trump Says He's 'Probably the First Candidate in the History of Politics' Willing to Admit This", TheBlaze.com, 3 agosto 2015

PALAZZI CON IL BRAND

Metto il mio nome sui palazzi perché si vendono meglio. Non lo faccio perché, cavolo, ne ho bisogno. Voglio dire, a New York ottengo per metro quadro molto più di chiunque altro. Se tu costruisci un palazzo qui e io costruisco un palazzo qui... io otterrò notevolmente di più per metro quadro... Ora, non è quasi lo stesso palazzo. Io costruisco un palazzo migliore. Uso migliori finiture. È solo un prodotto migliore. Ma io ottengo più degli altri. Così quando metto il mio nome su di esso la gente dice: "Oh, cavolo, ha messo il suo nome sopra".

"Donald Trump announces plans to form presidential exploratory committee",
Larry King Live, CNN.com, 8 ottobre 1999

PATRIMONIO NETTO

"Il suo debito è una percentuale di valore molto piccola, e a tassi di interesse molto bassi. A oggi, il patrimonio netto di Mr. Trump è più di DIECI MILIARDI DI DOLLARI."

Igor Bobic, "Donald Trump's Team Says His 'Massive' Net Worth Is More Than 'TEN BILLION DOLLARS'", HuffPost Politics, HuffingtonPost.com, 15 luglio 2015

Trump ha fatto causa a Timothy L. O'Brien, che aveva scritto che il patrimonio netto di "The Donald" era minore di quanto lui sosteneva. Trump ha perso la causa. Una corte d'appello del New Jersey ha statuito che: "Non c'erano significative incongruenze interne nell'informazione fornita dalle fonti confidenziali, né informazioni attendibili che contraddicessero i loro report, così da provare la sussistenza di un'effettiva malizia. Niente suggerisce che O'Brien fosse soggettivamente consapevole della falsità dei numeri della sua fonte o che avesse dubbi sull'accuratezza dell'informazione".

Più tardi, James Surowiecki scrisse in "Donald Trump's Sales Pitch" (*New Yorker*, 10 agosto 2015): "È impossibile ottenere un conteggio definitivo della sua ricchezza, dato che è quasi tutta costituita da beni – soprattutto proprietà immobiliari – che non hanno chiari valori di mercato. Tuttavia, è evidente che è enormemente ricco. Bloomberg stima la sua ricchezza in 2,9 miliardi di dollari, mentre *Forbes* la estende fino a 4,1 miliardi... Ma Trump non è d'accordo con nessuno di questi: grazie al valore del suo brand, dice, la sua ricchezza raggiunge almeno la fantastica somma di 10 miliardi. Questo numero sembra così assurdamente eccessivo da essere controproducente".

Per quanto riguarda l'autovalutazione di Trump, il suo report alla FEC [Federal Election Commission], datato 15 luglio 2015, dichiara un patrimonio netto di circa 8,7 miliardi di dollari, ma i suoi uffici successivamente lo hanno rivisto, citando la crescita di valore degli immobili delle sue holding, fino a più di 10 miliardi di dollari.

PERDERE TERRENO

Vedi, io sono un artista. Proprio adesso se guardi vedi il Mare del Nord, le onde che si infrangono contro la riva, vedi la magnificenza di questo corpo d'acqua. Io non voglio vedere mulini a vento arrugginiti dappertutto. Perché è questo che capita, arrugginiscono, sono disgustosi. E io dico che fino a quando questo progetto non viene cancellato io non costruirò più. Non resterò a guardare mulini a vento. E secondo me, i parchi eolici non si realizzeranno mai. Penso che loro si ritireranno. E quando questo accadrà, quando annunceranno che abbandoneranno, allora comincerò il secondo campo.

John Barton, "Donald Trump: I'm Huge!",
GolfDigest.com, novembre 2014

Come riportato dal *Guardian* (11 febbraio 2014), "Donald Trump ha comprato un golf resort a 5 stelle sulla costa occidentale dell'Irlanda, dopo aver perso una battaglia legale contro un parco eolico da costruire vicino al suo golf resort nell'Aberdeenshire. Il miliardario ha comunicato che, in pendenza dell'appello contro la decisione in Scozia, avrebbe dirottato le sue energie verso l'esclusivo complesso golf e hotel di Doonber sulla costa atlantica della Contea di Clare, trasformandolo nel Trump International Golf Links, Irlanda".

"Trump ha portato il governo scozzese in tribunale per la decisione di approvare un ingente parco eolico sperimentale nella baia di Aberdeen, a circa due miglia sud-est dal golf resort da lui progettato... perché gli rovina la vista."

PRECEDENTI

Credo molto in due cose: le persone e i precedenti. C'è un vecchio detto a Wall Street: "Sembra che siano sempre le stesse persone ad avere fortuna". Il fatto è che queste persone sono "fortunate" per varie ragioni. Fanno le loro ricerche, hanno un grande istinto e una grande intelligenza e poi c'è l'X-factor, quell'ingrediente speciale che permette alla gente di fare soldi.

"Investing: Caveat Emptor", *Trump: The Art of the Comeback*, Times Books, 1997

La differenza tra quello che dici che farai e quello che farai davvero sono i tuoi precedenti. È la differenza fondamentale tra opinione e fatti. Al primo dibattito presidenziale repubblicano del 6 agosto 2015, Chris Wallace chiese: "Signor Trump, lei parla molto del fatto che è la persona su questo palco che farà crescere l'economia. Voglio chiederle dei suoi precedenti nel business. Aziende, casinò e hotel Trump hanno dichiarato fallimento quattro volte nello scorso quarto di secolo. Nel 2011, lei ha detto a *Forbes*: 'Ho usato le leggi di questo paese a mio vantaggio'. Ma nello stesso tempo, gli esperti finanziari coinvolti in questi fallimenti dicono che i creditori delle sue aziende hanno perso miliardi di dollari. Domanda: con questi precedenti, perché dovremmo darle la fiducia per gestire il business della nazione?".

Trump rispose citando i suoi precedenti: "In centinaia di affari che ho concluso, solo in quattro occasioni ho approfittato delle leggi [sul fallimento] di questo paese, come altre persone... Quattro volte ho tratto vantaggio dalle leggi. E francamente, lo stesso ha fatto chiunque si sia trovato nella mia posizione. Il fatto è che ho costruito un patrimonio di più di 10 miliardi di dollari. Ho una grande, grande azienda. Do lavoro a migliaia di persone. E sono molto fiero di ciò che ho fatto... Mi lasci dire dei creditori. Primo, non sono bambini. Sono dei killer. Non sono le simpatiche, dolci persone che pensate, ok?".

In altre parole, nel corso della sua lunga carriera negli affari, Trump ha avuto successo più volte di quante abbia fallito. È il rischio del business, sostiene, e tutti sanno in che cosa si mettono, assumendo rischi calcolati per potenzialmente guadagnare – o perdere – una fortuna.

Nessuno vince sempre, ma solo i perdenti perdono sempre. È qui, nero su bianco, nei precedenti. I numeri parlano spesso più chiaramente da soli.

PRESSIONE

Numero uno: posso gestire la pressione. Molti dei miei amici non ce l'hanno fatta e hanno fallito. Ho conosciuto ragazzi forti o persone che pensavo fossero forti che sono strisciati in un angolo, si sono messi i pollici in bocca e sono scoppiati a piangere "Mamma, voglio tornare a casa". Io non perdo il sonno, e non mollo mai, mai, lotto duramente per sopravvivere. La cosa più importante che ho imparato è che i cicli economici non durano per sempre, vanno su e giù. E per quanto cerchi di far sì che un ciclo duri, finiscono. Punto. Se studi i grafici finanziari dal 1900 a oggi, la linea è quasi una perfetta montagna russa, è incredibile.

Piers Morgan, "Donald Trump on sex, money and politics", *British GQ*, GQ-magazine.co.uk, 7 agosto 2015

PREZZI DEL PETROLIO

Sono il problema più grande che abbiamo, senza dubbio – e lo saranno sempre –, ogni volta al mattino guardo le varie trasmissioni, le trasmissioni economiche. Ogni volta che l'economia migliora il petrolio sale. Migliora, sale di nuovo. Migliora, sale ancora. Così quello che fanno è distruggere sistematicamente ogni slancio che hai. Perché il petrolio dovrebbe vendersi tra i 25 e i 30 dollari al barile anche ora. L'economia va malissimo in tutto il mondo, salvo che in Cina e in qualche paese dell'OPEC dove stanno facendo un sacco di soldi.

George Stephanopoulos, intervista a Donald Trump,
ABC News, 17 agosto 2011

RICCHI CHE SI SONO FATTI DA SOLI

I ricchi sono grandi sopravvissuti e, per natura, ricadono in due categorie: quelli che hanno ereditato e quelli che hanno creato la ricchezza. Quelli che hanno ereditato e hanno scelto di non fare niente generalmente sono molto timidi, timorosi di perdere quello che hanno, e chi può fargliene una colpa? Gli altri sono grandi assuntori di rischio e, o producono dannatamente di più, o falliscono.

Glenn Plaskin, "Donald Trump",
Playboy, marzo 1990

SLEALTÀ

In un profilo di Vanity Fair *(settembre 1990), Marie Brenner disse a Donald Trump che uno dei suoi avvocati le aveva confidato: "Donald è un seguace della teoria della grande menzogna. Se dici qualcosa ancora e ancora, la gente ti crederà".*

Uno dei miei avvocati ha detto questo? Penso che se uno dei miei avvocati ha detto questo vorrei sapere chi è perché gli faccio saltare il culo. Mi piacerebbe scoprire chi è lo stronzo!

Marie Brenner, "After the Gold Rush",
Vanity Fair, settembre 1990

Durante una sessione di Q&A con Trump, davanti a 3500 persone presso la Starkey Hearing Technologies' Hearing Innovation Expo, Brandon Sawalich, senior vice-president della società disse: "Abbiamo trattato molti argomenti, ma una cosa che ha detto Trump mi ha colpito particolarmente. Quando gli ho chiesto che cosa apprezza in un dipendente, ha risposto con un'unica parola: lealtà. A essere onesti, questa non è la risposta che mi aspettavo da un uomo conosciuto per il suo spietato comportamento negli affari. Pensavo che avrebbe menzionato risultati, tenacia o capacità di combattere. Non sarei stato sorpreso se avesse detto qualcosa di questo genere. Ma 'lealtà' non mi era passato per la mente. Ho pensato molto alla sua risposta da quel momento. La lealtà può essere considerata una caratteristica 'soft', ma non dovrebbe esserlo. È un segno che il tuo business sta facendo qualcosa bene, che ciò che rappresenti e il modo come agisci risuonano positivamente nei dipendenti. Una società che perde dipendenti che una volta le erano fedeli deve chiedersi che cosa è andato storto, e rapidamente" (Brandon Sawalich, "3 lessons about loyalty that I learned from Donald Trump", *The Business Journals*, 2 febbraio 2015, www.bizjournals.

com/bizjournals/how-to/growthstrategies/2015/02/3-loyalty-lessons-learned-from-donald-trump.html).

In *Think Big and Kick Ass in Business and Life*, Trump racconta la storia di una donna di cui è stato mentore e che in precedenza aveva lavorato per il governo. "Le ho dato un buon lavoro alla Trump Organization, e nel tempo è diventata brava nel settore del real estate. Ha comprato una bellissima casa." "Avevo bisogno del suo aiuto" scrisse nei primi anni '90, quando stava attraversando i suoi "tempi difficili" e le chiese di chiamare un banchiere che sapeva essere in rapporti con lei. Lei rifiutò. Lui la cancellò per sempre. Tempo dopo la sua carriera nel business e la sua vita personale furono rovinate. "Finì per perdere la casa. Suo marito, che stava con lei solo per i soldi, la lasciò e io fui contento. Negli anni molte persone mi hanno chiamato per chiedere delle referenze su di lei. Ne ho date soltanto di cattive. Semplicemente non posso sopportare la slealtà."

Il punto di vista di Trump è che se aiuti qualcuno e questa persona, più in là nella vita, è in posizione di rispondere alla gentilezza, non offrire aiuto è un segno di slealtà. In questo caso, lui non si limita a ignorarti, vuole la sua vendetta. "Questa donna fu molto sleale e ora io faccio qualsiasi cosa per rendere la sua vita miserabile. Lei chiama per andare insieme a pranzo o a cena. Io non la richiamo mai."

TEMPISMO

Non importa quanto bravo sei, il tempismo è importante e alcune persone ce l'hanno, altre no. Io ce l'ho.

Ben Schreckinger, "Trump grows up",
politico.com, 15 luglio 2015

TENERE APERTE LE OPZIONI

Guardando i cantieri del West Side, allora area non sviluppata.

Continuo a tenere tutte le altre mie opzioni aperte perché, come ho detto, è il solo modo in cui puoi realmente proteggere te stesso. Se il mercato edilizio residenziale resta solido, senza dubbio mi andrà molto bene vendendo grandi appartamenti con vista sul fiume in questa location. Se il mercato in generale crolla – e questo può solo essere temporaneo in una città come New York – posso scegliere di costruire solo il centro commerciale. Farò molto, molto bene solo con quello.

Trump: The Art of the Deal, Random House, 1987

Un ottimo esempio di come Trump intende l'arte di fare affari, lo sviluppo di ciò che lui chiama "A West Side Story" mostra il potere della persistenza, e di tenere aperte tutte le opzioni.

Come scrive all'inizio del capitolo 13 di *The Art of the Deal:* "La decisione di business più difficile che ho mai preso è stata rinunciare alla mia opzione sui terreni del West Side, 31 ettari di fronte al fiume tra la 59esima e la 72esima, nell'estate del 1979. La decisione più facile che ho mai preso è stata ricomprare questo stesso appezzamento a gennaio del 1985".

La sua persistenza infine pagò. Come lui stesso scrive: "È stato detto che ho pagato 95 milioni di dollari per i terreni del West Side, ovvero circa 3 milioni per ettaro, il che non è lontano dalle cifre reali".

A giugno 2005, come riportato da Charles V. Bagli sul *New York Times* ("Trump Group Selling West Side Parcel for $1.8 Billion", 1° giugno 2005), "un consorzio di investitori di Hong Kong e Donald J. Trump stanno vendendo un tratto di terra lungo il fiume e tre edifici sulla Upper West Side per circa 1,8 miliardi di dollari, in quella che è la più grande compravendita residenziale nella storia della città e l'ultimo esempio in ordine di tempo di un mercato immobiliare alle stelle". Come nota il giornale, era il "vecchio terreno ferroviario... che è stato trasformato in un'enclave di lusso conosciuta ora come Riverside South o come Trump Place...".

3
Trump su... Trump

ACCORDI PREMATRIMONIALI

Per esempio, data l'ampiezza e complessità del mio business, mi ci sarebbero voluti 10 o 15 anni in molti diversi tribunali, stati e forse anche paesi per risolvere la mia situazione con entrambe le mie due ex mogli, Ivana e Marla. La mia vita finanziaria sarebbe stata ufficialmente finita e di certo non avrei potuto scrivere un libro. Molti milioni se ne sarebbero andati per pagare avvocati. Sarebbe stato ridicolo. Sarei stato ridotto a ordini del tribunale e contenzioso. Il mio business sarebbe finito nel caos più totale.

"The Art of the Prenup: The Engagement Wring",
Trump: The Art of the Comeback, Times Books, 1997

I primi due matrimoni di Trump sono entrambi finiti in divorzio. "Mi rimprovero perché il mio business era così importante per me", ha detto alla CNN a Jake Tapper, in *State of the Union* (Elise Foley, "Donald Trump Pressed On How 'Traditional' His 3 Marriages Are", HuffPost Politics, 28 giugno 2015). Come racconta Trump, entrambe le sue ex mogli hanno combattuto contro i loro accordi prematrimoniali e hanno perso. Lui, naturalmente, ne ha uno anche con la sua terza moglie, Melania Knauss, che il 22 gennaio 2005 gli ha dato il quinto figlio, Barron William Trump. Il *New York Magazine* cita Trump: "È uno strumento duro, doloroso, pure brutto. Credetemi, non c'è nulla di divertente a riguardo. Ma arriva un momento in cui devi dire: 'Cara, penso che sei meravigliosa, e mi importa molto di te, ma se le cose non funzionassero, questo è ciò che avrai'" (Geoffrey Gray, "With This Ring – and This Contract –, I Thee Wed", 27 marzo 2006).

Trump non condivide l'idea che, nel matrimonio, tutto ciò di cui c'è bisogno è l'amore. Ciò che serve è un solido contratto prematrimoniale. Chiedete a Paul McCartney.

ASSERTIVITÀ

Anche alle elementari ero un bambino molto assertivo, aggressivo. In seconda ho fatto un occhio nero a un insegnante. Ho colpito il mio maestro di musica perché pensavo che non sapesse niente di musica e quasi sono stato espulso. Non sono fiero di questo, ma è evidente il fatto che già molto presto ho avuto la tendenza ad alzarmi e a rendere note le mie opinioni in modo molto energico. La differenza è che ora preferisco usare il cervello piuttosto che i pugni.

"Growing Up", *Trump: The Art of the Deal*, Random House, 1987

Ciò che in passato fu una colpa diventa una risorsa quando Trump lo usa per spingere le sue negoziazioni. Anche i critici ammettono che quando si tratta di negoziare Trump è forte e tratta a condizioni durissime.

In *Trump: Surviving at the Top* scrive: "Rispetto le persone brillanti, forti, come gli altri ammirano i grandi atleti o la gente di spettacolo, anche quando sono impopolari o in un momento negativo".

CHIEDERE SCUSA

Credo che chiedere scusa sia una grande cosa, ma devi avere torto... Chiederò senz'altro scusa, prima o poi in un futuro sperabilmente lontano, se mai avrò torto.

Jessica Roy, "Donald Trump on *Tonight Show*: The Good, The Bad, and The Delusional", tvguide.com, 12 settembre 2015

DISASTRI

Be', ho sempre reagito ai disastri. Ho avuto, come sapete, incendi in palazzi, grandi palazzi. Ho subito rivolgimenti economici quando c'è stato il crash all'inizio degli anni '90, e ne sono uscito più forte di prima. E non sono fallito come molte persone che sono state obbligate a fallire, e sono stati trascinati, sapete, in disastri dopo i quali non si è sentito più parlare di loro. Io ne sono uscito più forte di prima. C'era una vecchia espressione negli anni '90, "sopravvivi fino al '95", che ho fatto mia, e l'ho applicata. E veramente sono diventato molto più forte. Ma li ho attraversati, ho visto verificarsi altri problemi economici. Otto anni fa, nove anni fa, quando stavo comprando e tutti gli altri stavano vendendo perché non avevano soldi e io avevo molto denaro e ho comprato un sacco di beni eccezionali.

E sapete, ho attraversato un sacco di situazioni diverse, e ne sono sempre uscito al top.

Hugh Hewitt, "Donald Trump On the Day He Took the Pledge", HughHewitt.com, 3 settembre 2015

ERRORI

Devi imparare dai tuoi successi e dai tuoi fallimenti. E se non impari dagli errori sei un folle. Ora, idealmente vorresti guardare gli altri e imparare dai loro errori, perché è meno costoso e meno traumatico. Ma... non vorrei fare le cose [che ho fatto] in modo molto diverso. Per esempio, mi è stato detto: "Non fare *The Apprentice* perché non potrà mai avere successo in TV, sono molto pochi gli show che hanno successo". Ma io l'ho fatto contro i desideri di molte persone... Perciò devi solo andare avanti in base al tuo spirito.

Candace Taylor, "Donald Trump", TheRealDeal.com, 2009

ESSERE RICONOSCIUTI

Volete sapere qual è la notorietà completa? Vi dirò come saprete che l'avete ottenuta. Quando i nigeriani agli angoli delle strade che non parlano una parola di inglese, che non sanno niente, che vendono orologi per qualcuno in New Jersey, quando passi dicono "Trump, Trump!". Questa è la notorietà completa.

Mark Singer, "Trump Solo",
New Yorker, 19 maggio 1997

Dato che New York è il luogo preferito di Trump, non sorprende che l'uomo della strada lo riconosca a vista. Ma è la TV che spesso porta una figura importante e di successo alle masse in un modo che la stampa non è in grado di fare.

Caso concreto: lo show televisivo *The Apprentice* che gli ha dato la sua "firma" – "You're fired!", "Sei licenziato!" – e lo ha reso un nome familiare. Prevedibilmente, quando la NBC recentemente ha cacciato Trump dal network, il fatto ha generato titoli spiritosi, tra cui molte variazioni di "You're Fired!".

Robert Siegel ("NBC Dumps Donald Trump Over Comments On Mexican Immigrants", NPR.org, 29 giugno 2015) spiega: "La NBC ha chiuso con Donald Trump. Il network ha tagliato i ponti con il miliardario a seguito dei discussi commenti sui messicani, fatti quando ha annunciato che avrebbe corso alle elezioni presidenziali. Il critico di NPR TV Eric Deggans dice che la mossa di NBC minaccia un impero mediatico fondato su Trump, che comprende due concorsi di bellezza e un reality televisivo".

La versione di Trump sull'accaduto: "Il motivo principale di attrito è stato che loro volevano fare *The Apprentice* ed erano molto arrabbiati perché non l'avrei fatto... Ho letto la storia scritta due settimane fa da qualcuno che non ha capito, dove dicono che NBC ha tagliato i ponti con Trump. Non hanno tagliato i ponti con me, io ho chiuso con loro per rispetto. Ma loro erano molto irritati" (Janice Min, "The Donald Conversation: Murdoch, Ailes, NBC and the Rush of Being TV's 'Ratings Machine'", HollywoodReporter.com, 19 agosto 2015).

FRAGILITÀ DELLA VITA

La vita è fragile. Non importa chi sei, quanto bravo sei in quello che fai, quanti bei palazzi hai costruito, quante persone conoscono il tuo nome. Nessuno al mondo può essere completamente al sicuro, perché niente può proteggerti completamente dalle tragedie della vita e dall'implacabile passare del tempo.

"Now for the Hard Part", *Trump: Surviving at the Top,*
Random House, 1990

Il 10 ottobre 1989, "un giorno che mi ha cambiato la vita", Trump ricevette la notizia che tre dei suoi amministratori delegati erano morti in un incidente di elicottero. Lo seppe nel modo peggiore, da un reporter della CBS che gli disse al telefono: "Cinque morti, Mr. Trump. Tutti nelle sacche per cadaveri. Commenti?".

L'elicottero a noleggio aveva avuto un grave guasto meccanico, uccidendo tutte e cinque le persone a bordo. Trump disse che ciò gli fece realizzare che niente può proteggerci dalla casualità dell'universo, che la sicurezza in questo mondo è un'illusione.

Trump, oggi sessantanovenne e al suo terzo matrimonio, è arrivato ad apprezzare il fatto che la vita è in se stessa fragile e preziosa. Le persone a lui vicine e care – la sua famiglia, i suoi amici, i dipendenti – sono in definitiva ciò che conta. A differenza di beni come auto alla moda, immobili, elicotteri ed edifici commerciali, le vite umane non sono rimpiazzabili.

IGNORARE I NO

Se vuoi avere successo devi abituarti a sentire spesso la parola *no* e a ignorarla... Chi si arrende non va da nessuna parte. Non avrai successo se ascolti i no... Le persone non si prendono cura di te. Non vogliono il meglio per te; si preoccupano di se stesse. Quando la maggior parte delle persone dice no, lo fa per promuovere i suoi scopi. Non lasciare che l'arbitrio di qualcuno ti fermi.

"Do You Have What It Takes?",
Think Big and Kick Ass in Business and Life, con Bill Zanker,
HarperCollins, 2007

In apparenza, Donald Trump non ha bisogno dei mal di testa che vengono in una corsa per un ruolo politico, specialmente la presidenza. Ma sin dall'inizio i "signornò" hanno predetto il suo imminente crollo. Come osserva Errol Louis del *New York Daily News*: "Non riesco a contare quanti amici ed estranei mi hanno fermato per strada con una variante della domanda 'Quando Donald Trump si ritirerà dalla corsa per la presidenza?'. Invariabilmente rispondo che non ne ho la minima idea – e nessun altro ce l'ha – ma che dobbiamo presumere che, come ogni candidato, cercherà di restare in corsa fino a quando il risultato non sarà evidente. Quando ciò potrà accadere non lo sa nessuno, benché un buon numero di esperti e giornalisti abbiano già concluso, prematuramente a mio parere, che la fine della carriera politica di Trump è dietro l'angolo" ("Donald Trump is not a clown: Signs say he actually wants to win – and his books reveal real policy ideas", 4 agosto 2015).

Al primo dibattito presidenziale repubblicano, anche uno dei colleghi gli ha riconosciuto quello che gli spetta. Il governatore dell'Ohio John Kasich disse: "Dobbiamo prendere lezioni da

Donald Trump se vogliamo veramente imparare. Ecco la questione riguardo a Donald Trump. Donald Trump sta toccando un nervo scoperto in questo paese. Lui lo sta facendo. Lui sta toccando il nervo. La gente è frustrata. È stufa. Non pensano che il governo stia lavorando per loro. E le persone che vogliono semplicemente escluderlo stanno facendo uno sbaglio".

Al primo dibattito presidenziale repubblicano, il comitato di redazione del *Washington Post* ("Only a handful of GOP candidates are living in the real world", 7 agosto, 2015) concludeva: "C'erano molti altri candidati che non sono riusciti a trovare il coraggio o avevano spaventosamente perso il contatto, o tutte e due le cose, con Mr. Trump che era di gran lunga il leader nelle offese. Questi repubblicani offrono un biglietto di sola andata verso il disastro politico e della politica. Mr. Trump non è un candidato credibile".

Se Trump avesse dato ascolto ai suoi critici, non avrebbe mai corso; una volta in corsa, hanno detto che non avrebbe consegnato i documenti sulla sua situazione finanziaria, cosa che ha fatto; gli hanno affibbiato appellativi ("uno sbruffone irresponsabile" ha scritto il *Des Moines Register*), e lui non ha lasciato. Quando era al centro del palco al primo dibattito presidenziale repubblicano si è subito infiammato con i moderatori che lo hanno scelto per una domanda di cui conoscevano già la risposta: "Avrebbe garantito il suo supporto al candidato repubblicano se non fosse stato lui? O avrebbe corso come indipendente?". In molti avrebbero detto *no*, ma Trump invece ha risposto: "Non mi interessa quello che pensate".

Morale della favola: Trump gioca per vincere. Inizialmente ridicolizzato dai media per aver avuto l'audacia di annunciare la sua candidatura, è ora preso più sul serio dal partito repubblicano e da alcuni nei media. Ha osservato Susan Page di *USA Today*: "È sempre più difficile negare che il sessantanovenne famoso miliardario non sia anche un credibile candidato alla nomination dei repubblicani" ("Reveling in quick rise, Trump already mulls running mate", 23 ottobre 2015).

IMPARARE DALLA VITA

Be', molte persone mi fanno una domanda: "Se dovesse ricominciare, che cosa farebbe?". E do sempre la stessa risposta. Prendo in considerazione la vita, perché di questo si tratta; è una domanda su cui non puoi fare niente. E io sono realista. La cosa principale che voglio fare, tutti fanno errori, tutti ci sbagliamo, tu li hai fatti, io li ho fatti, tutti noi li abbiamo fatti. La chiave è che bisogna imparare dai propri errori. Così non capitano più. Perciò non voglio fare niente. Ho avuto una vita eccezionale. Ho veramente goduto della mia vita. Ho dei figli eccezionali, una grande famiglia. Ma in verità ho solo una cosa da dire su tutto questo: non c'è trucco, ma devi imparare da qualsiasi cosa.

George Stephanopoulos, intervista a Donald Trump,
ABC News, 19 aprile 2011

INTRATTENITORE, POLITICO O ENTRAMBI?

Per quanto riguarda il temperamento – e tutti lo sappiamo – per quanto riguarda il temperamento, penso di avere un grande temperamento. Ho costruito un business fenomenale con asset incredibili, iconici, uno degli imperi immobiliari veramente grandi.

E forse sono un intrattenitore, perché ho un tremendo successo con bestseller in cima alle classifiche dappertutto, con *The Apprentice* e qualunque altra cosa abbia fatto.

Ma vi dirò questo: io sono di gran lunga più un businessman che un intrattenitore, e questo è il tipo di mentalità di cui questo paese ha bisogno per risollevarsi, perché oggi abbiamo un debito di 19.000 miliardi di dollari, 19.000 miliardi, e c'è bisogno di questa mentalità per risollevare il nostro paese.

E, credetemi, il mio temperamento è molto buono, molto calmo. Ma saremo rispettati fuori da questo paese. Ora non siamo rispettati.

Ryan Teague Beckwith, "Full Text of the Second Republican Debate", Time.com, 16 settembre 2015

Durante il secondo dibattito repubblicano, Carly Fiorina disse: "Sapete, penso che Mr. Trump sia un meraviglioso intrattenitore. È stato eccezionale in questo mestiere".

Trump è indubbiamente un intrattenitore ma, come lui stesso ha ripetutamente segnalato in numerose interviste, ha avuto una lunga carriera come uomo d'affari di successo. Il moderatore del dibattito, Jake Tapper, ha paragonato i due in quanto protagonisti del business: "Signora Fiorina, lei è stata CEO di

Hewlett-Packard. Donald Trump dice che – citazione – 'ha portato HP a fondo', ha mandato via 10.000 persone, è stata brutalmente licenziata. Gli elettori che cercano qualcuno con esperienza nel settore privato per creare 'lavoro americano' perché dovrebbero scegliere lei e non Donald Trump?".

Trump durante il dibattito aggiunse: "Il capo della Yale Business School, Jeffrey Sonnenfeld, ha recentemente scritto in un articolo [che quello di Fiorina ad HP è stato] uno dei peggiori mandati per un CEO che abbia mai visto, considerato uno dei 20 peggiori nella storia del business. La società è un disastro e continua a essere un disastro... Quando Carly dice che i ricavi sono saliti, è perché aveva comprato Compaq. È stato un affare terribile, e in realtà ha portato alla distruzione dell'azienda. Ora, un'altra società in precedenza è stata Lucent. Carly era a Lucent prima di questo. E anche Lucent è venuto fuori che è stata una catastrofe. Per cui dico solo questo: lei non può dirigere nessuna delle mie aziende. Questo te lo posso assicurare".

PERDERE IL CONTROLLO

Glenn Paskin, Playboy: Nel libro *Trumped!*, una biografia non autorizzata, il suo ex impiegato John O'Donnell la descrive strappare la tappezzeria di una limousine, prendere a pugni il muro in un casinò, gridare contro i piloti per un atterraggio brusco.

Trump: O'Donnell è un perdente. Ha inventato tutto. Lo conosco appena. Non era molto bravo in quello che faceva. Sono usciti molti libri su di me e quasi sempre hanno inventato cose e detto ciò che volevano, anche completamente senza senso. Ho strappato la tappezzeria interna delle limousine? Fammi fare una pausa.

Glenn Plaskin, "Donald Trump",
Playboy, marzo 1990

John R. O'Donnell, ex presidente e CEO della Trump Plaza Hotel & Casino, ha scritto un libro rivelazione molto critico nei confronti di Trump e della sua prima moglie, Ivana. Il libro descriveva il suo boss come un uomo esigente e difficile in modo impossibile la cui rabbia e il cui linguaggio scurrile venivano espressi ad alto volume. Non ci sono prove che confermino o smentiscano le affermazioni di O'Donnell. Il libro di O'Donnell spiega perché Trump è sempre in guardia contro i libri scritti su di lui, autorizzati o meno.

PERMALOSO

Stavo ascoltandoti parlare di Bush e Rubio e di un paio di altri e ti sei dimenticato di citare il mio nome, anche se li sto stracciando tutti nei sondaggi.

Colin Campbell, "'My god, stop being so thin-skinned!': Joe Scarborough just had an incredible Donald Trump interview",
BusinessInsider.com, 24 luglio 2015

Joe Scarborough è un anchorman di MSNBC in rapporti amichevoli con Trump. Nell'intervista citata da Campbell, quando Trump fece notare a Scarborough la sua omissione, l'altro rispose: "Donald, di che parli? Di che parli! Abbiamo parlato di te per una settimana! Di che stai parlando, Donald? Quanto sei permaloso? Ho parlato di te per una settimana!".

Campbell osserva che il botta e risposta spinse Scarborough a chiedere: "Donald, non sei così permaloso, vero? Abbiamo parlato di te così tanto. Questo è comico. Sei incredibilmente permaloso, amico mio". Trump assentì. "Oh, sì, sono permaloso", disse a Scarborough.

In passato Bill Maher, l'*Huffington Post*, giornalisti di *New Republic* e altri avevano osservato che, secondo loro, Donald Trump è molto permaloso, perciò Scarborough non è il solo a pensarlo.

PERSEVERANZA

Molto spesso incontro persone con grandi idee ma senza la tenacia che serve per metterle in pratica, e talvolta gli mancano anche le capacità. Devi conoscere tutto il possibile su quello che stai facendo. Non tutto funziona sempre. Perciò devi perseverare e non mollare mai. Ho visto persone che mollano troppo presto. Ci sono dei rischi, naturalmente, per cui la persona deve avere anche la capacità di vivere con questi rischi. Alcune persone non ce l'hanno nella loro personalità, e alcune non riescono a svilupparla.

Dick Donahue, "The Monday Interview with Donald Trump and Robert Kiyosaki", PublishersWeekly.com, 3 ottobre 2011

Il 21 maggio 2014 Trump scrisse su Twitter: "La perseveranza è una chiave per il successo. Non mollare. Continua a pensare in grande e sarai in grado di concludere affari". In *Trump: Never Give Up*, parla delle difficoltà che ha incontrato costruendo la

Trump Tower. "Niente è stato facile sin dal primo giorno" scrive. "Per cominciare, mi ci sono voluti circa tre anni solo per avere una risposta dall'uomo che controllava l'area che volevo comprare. Ho chiamato e scritto lettere su lettere. Ho imparato molto sulla perseveranza, ma ho anche imparato che se hai passione per qualcosa, ricevere zero incoraggiamenti non ti scoraggerà. Semplicemente avevo deciso di non mollare.

Anche se Trump attrae le critiche, persino il critico più dichiarato deve ammettere che ha una propensione da pit-bull nel perseverare, non importa su quanti ostacoli deve buttarsi, né quanto tempo ci voglia.

PREDATORI

Guarda, siamo peggio dei leoni nella giungla. Peggio di qualsiasi predatore. I leoni uccidono per il cibo. Noi uccidiamo per sport. La nostra caccia comporta fare molte cose brutte ad altre persone, che sia rubar loro soldi o qualsiasi altra cosa. La gente è cattiva, lo è davvero! In molti casi è il male! Perciò devi tenere alta la guardia. Le persone devono rispettarti; se non ti rispettano, anche se sono abbastanza oneste, cominceranno a derubarti. È così che vanno le cose. Piuttosto triste, ma vero.

Piers Morgan, "Donald Trump on sex, money and politics", *British GQ*, GQ-magazine.co.uk, 7 agosto 2015

Da un punto di vista geopolitico, una delle critiche più aspre di Trump è che gli Stati Uniti sono come il vecchio comico Rodney Dangerfield: "Non ricevo nessun rispetto!". Trump sostiene che gli USA danno alle altre nazioni non solo milioni, ma *miliardi* di dollari, e spesso non ricevono niente, o poco, in cambio.

Caso pratico: come Trump scrive in *Time to Get Tough*: "Il Pakistan non è nostro amico. Gli abbiamo dato miliardi e miliardi di dollari e che cosa abbiamo ottenuto? Tradimento e mancanza di rispetto, e molto peggio. Quando uno dei nostri elicotteri fu abbattuto durante il raid contro Osama bin Laden, il Pakistan lo ha consegnato alla Cina, così che gli ingegneri cinesi potessero studiarlo e rubare la tecnologia che abbiamo speso miliardi di dollari per sviluppare. I pakistani pensano che siamo un branco di idioti".

Nello stesso capitolo "Rinforzare i muscoli americani" sostiene che quando hanno trovato Osama bin Laden, questo si trovava "in Pakistan, alla porta accanto a una delle più prestigiose accademie militari pakistane. Che cosa vi dice questo? A me dice che il Pakistan ha sempre saputo dove si trovava Osama".

SFIDUCIA

Ho visto persone approfittarsi veramente di Fred [Trump, suo padre, *N.d.r.*] e la lezione che ho imparato è stata *tenere sempre su la guardia al 100 per cento*, cosa che lui non faceva. Non si rendeva conto che ci fosse realmente un motivo per farlo, il che è un errore *fatale* nella vita. Le persone sono troppo fiduciose. Io sono un tipo molto "sfiducioso". Studio la gente tutto il tempo, automaticamente; è il mio modo di vivere, nel bene e nel male.

Glenn Plaskin, "Donald Trump",
Playboy, marzo 1990

Il figlio primogenito, Fred Trump Jr., avrebbe dovuto seguire le orme del padre, ma scoprì che il business non era la sua passione. Diventò un pilota di aereo e "morì per un attacco di cuore provocato da alcolismo acuto" secondo *Playboy*. Donald Trump, che non beve alcool né caffè, riconosce al fratello maggiore il fatto di averlo messo in guardia contro il fumo e il bere, due vizi il cui rifiuto Donald ha inculcato nei propri figli. In *The Brody File*, Donald Trump disse di essere stato così insistente, e ripetitivo, nel mettere in guardia i suoi figli contro questi "demoni" da arrivare "a un punto in cui mia figlia Ivanka disse 'Non dirlo più, non dirlo più'. Ma letteralmente una volta alla settimana dicevo di no, e penso che abbiano superato questa orribile fase di alcool, droga e anche fumo. Così non fumano, non prendono droghe e non bevono. Penso, spero" (David Brody, "The Human Side: Donald Trump Talks about the Death of His Brother to Alcoholism", CBN News, messo in onda nell'aprile 2011, http://blogs.cbn.com/thebrodyfile/archive/2015/07/12/the-human-side-donald-trump-talksabout- the-death-of.aspx).

STRETTE DI MANO

Una volta che fu avvicinato al Club 21 di Manhattan da un uomo appena uscito dal bagno.

Ora, ho due scelte. Non stringergli la mano, ed ecco un uomo che per il resto della vita avrebbe odiato Donald Trump. Ma io non voglio che accada. Ho un cuore. Oppure stringerla. E non sai che cosa stai stringendo. E sapete che cos'ho fatto? Gli ho stretto la mano. Poi non ho mangiato molto bene, non sapendo dov'era stata la sua mano. Ma posso dirvi che non era un bellissimo posto.

Michael Barbaro, "After Roasting, Trump Reacts in Character", *New York Times*, 1° maggio 2011 (versione stampata 2 maggio 2011)

Chiamatela idiosincrasia personale, ma Trump non è mai stato un fan delle strette di mano. Le considera antigieniche. Come ha scritto in *Trump: How to Get Rich*: "È una pratica terribile. Spesso vedo qualcuno che è evidentemente malato, con un brutto raffreddore o l'influenza, che si avvicina a me e dice 'Mr. Trump, vorrei stringerle la mano'. È un dato di fatto della medicina che questo è il modo in cui i germi si propagano. Mi piacerebbe che seguissimo invece l'abitudine giapponese di inchinarsi".

4
Di nuovo in corsa per la presidenza

ABRAMO LINCOLN

Prima della Guerra civile: "Furono fatti così tanti errori. Vedete, penso che si potesse negoziare qualcosa, per essere onesti. Credo che si sarebbe potuto negoziare. Tutte quelle persone morte. Sono morte così tante persone".

Margaret Hartmann, "The 6 Most Bizarre and Baffling Trump-Rally Rants", nymag.com, Intelligencer, 29 giugno 2024

Come ha notato Hartmann, "Durante un comizio a gennaio a Newtown, il 45° presidente non ha saputo resistere alla tentazione di punzecchiare il 16° presidente per aver fallito nel prevenire la Guerra civile con un negoziato".

ADDOLCIRE LA POSIZIONE SULL'IMMIGRAZIONE

Sicuramente ci potrà essere un addolcimento, perché non stiamo cercando di ferire le persone. Noi vogliamo le persone, abbiamo alcune grandi persone in questo paese.

Zeke J. Miller, "Donald Trump Signals 'Softening' of Immigration Position", time.com, 23 agosto 2016

Donald Trump ha riferito alla rivista *Time* che "Avrebbe preso di mira da 15 a 20 milioni di persone che sostiene essere senza documenti negli Stati Uniti" (Zachary B. Wolf, "Trump explains his militaristic plan to deport 15-20 million people", CNN, 1 maggio 2024). L'affermazione di Trump secondo cui gli immigrati illegali sono in gran parte responsabili per l'aumento del tasso di criminalità negli Stati Uniti è infondata. Come nota la CNN nell'articolo, "Trump ha ripetuto le false affermazioni secondo cui gli immigrati sarebbero ex detenuti o sarebbero stati incarcerati nel loro paese d'origine".

Tra gli altri stratagemmi, Donald Trump prevede di usare la Guardia nazionale per arrestare il flusso di immigrazione illegale. "Questa è un'invasione del nostro Paese. ... Bisogna fare quanto necessario per fermare il crimine e quanto sta accadendo alle frontiere" (Zeke, "Trump explains", cit.).

La questione degli immigrati illegali è al primo posto: nel suo discorso alla convention repubblicana, Trump ha affermato: "Sotto l'amministrazione Trump, se entravi illegalmente venivi immediatamente arrestato e deportato. Ecco perché, per tenere al sicuro le nostre famiglia [*sic*], la piattaforma repubblicana promette di lanciare la più grande operazione di deportazione nella storia del nostro Paese".

AMERICA ORA E SEMPRE: NO ALLA NATO

Perché dovremmo fare la guardia a questi Paesi che hanno un sacco di soldi e gli USA pagano più di tutti per la NATO?

"Trump explains recent NATO threats as a 'form of negotiation'", *Le Monde with AFP*, 20 marzo 2024

"Se verrà rieletto per un secondo mandato dopo la sua presidenza 2017-2021, ci si aspetta che Trump collochi persone a lui fedeli in posizioni chiave al Pentagono, al Dipartimento di Stato e alla CIA, la cui obbedienza andrà soprattutto a lui, consentendogli una maggiore libertà di avviare politiche isolazioniste."

"Thierry Breton, un commissario francese responsabile per il mercato interno dell'Unione Europea, ha affermato agli inizi di questo mese che nel 2020 l'allora presidente Trump disse ad alcuni importanti funzionari europei che gli Stati Uniti non avrebbero mai aiutato l'Europa in caso di attacco, e che Washington si sarebbe ritirata dall'alleanza militare NATO con i Paesi europei e il Canada."

Jason Lange, "Trump's rise sparks isolationist worries abroad, but voters unfazed", *Reuters*, 17 gennaio 2024

Come ha notato NBC News, la visione di Donald Trump per l'Europa nel suo secondo mandato è problematica per il continente nel suo insieme. Nel suo articolo intitolato "If Trump wins, will the U.S. become isolationist?", NBC spiega che durante la Seconda guerra mondiale gli USA vedevano Hitler come un problema europeo da risolvere senza il loro aiuto.

Dato che la storia ripete se stessa – l'invasione russa dell'Ucraina e le cupe promesse della Cina che Taiwan alla fine diventerà parte della madrepatria – politici come il Senatore repubblicano Tommy Tuberville dell'Alabama, che ha votato contro un supplemento di fondi all'Ucraina, hanno affermato: "Ho votato contro ulteriore denaro per l'Ucraina perché so che non possono vincere. ... Donald Trump fermerà tutto quando entrerà in carica. Sa che l'Ucraina non può vincere. Può accordarsi con Putin".

Dan De Luce, "If Trump wins, will the U.S. become isolationist?",
NBC News, 25 febbraio 2024

"BAGNO DI SANGUE"

Se non verrò eletto, sarà un bagno di sangue. ... Se non vinciamo queste elezioni non credo che ce ne saranno altre in questo Paese. Non credo che avrete un'altra elezione, o sicuramente una che sia significativa.

Amy Sherman, "In Context: What Trump said about a 'bloodbath'
and Biden's actions on the car industry",
politifact.com, 18 marzo 2024

Estrapolato dal contesto questo commento sembra suggerire una ripetizione più sanguinosa dell'assalto al Campidoglio del 6 gennaio 2021, ma Donald Trump ha chiarito citando esplicitamente l'importazione di automobili "che sta uccidendo il settore automotive". Ha citato Messico e Cina come i principali malfattori: "Imporremo un dazio del 100% su ogni singola vettura che varchi la frontiera e non sarete in grado di vendere quelle auto".

BIDEN ABBANDONA LA CORSA ELETTORALE DEL 2024

Servire come vostro presidente è stato il più grande onore della mia vita. Anche se era mia intenzione cercare di essere rieletto, credo che sia nel migliore interesse del mio partito e della nazione farmi da parte e concentrarmi unicamente sull'adempimento dei miei compiti di presidente per il resto del mio mandato.

Lettera del presidente Joseph R. Biden,
Casa Bianca, 21 luglio 2024

BIDEN NON ADATTO PER GAREGGIARE

Joe Biden lo Storto non era adatto a competere per diventare il presidente, e certamente non è adatto a servire in quel ruolo. E non lo è mai stato! ... Tutti intorno a lui, compresi il suo medico e i media, sapevano che non era in grado di esserlo. ... Soffriremo molto per la sua presidenza, ma rimedieremo ai danni che ha fatto molto velocemente. RENDIAMO DI NUOVO GRANDE L'AMERICA! ... Ma PROPRIO ADESSO, ha abbandonato la corsa in COMPLETA DISGRAZIA!

Jolie Lash, "'Worst president': Donald Trump reacts
to President Joe Biden dropping out of 2024 election",
abcnews.go.com, 21 luglio 2024

"CARO SOSTENITORE PATRIOTA"

È chiaro che Joe Biden Lo Storto e l'estrema sinistra sono la vera minaccia alla nostra democrazia.

Sotto la guardia del più corrotto e incompetente presidente di sempre, i Democratici di Biden stanno tentando di mettere in prigione il loro oppositore politico, il Dipartimento di giustizia prende di mira i cattolici e i genitori preoccupati e il governo censura i discorsi degli americani su Internet.

Le nostre frontiere sono state cancellate mentre tonnellate di droghe letali e milioni di immigrati illegali stanno invadendo il nostro paese da tutto il mondo. I prezzi di ogni bene e servizio sono aumentati mentre i salari sono crollati. E le nostre città rette da Democratici stanno andando all'inferno mentre il crimine cresce come mai prima.

Questa è una guerra per il cuore e l'anima della nostra nazione – ed è una guerra che i Repubblicani devono vincere, altrimenti avremo un Paese che non riconosceremo più!

Da una lettera datata luglio 2024, inviata da Trump ai suoi sostenitori, con la quale sollecita un "contributo" che va da cifre modeste a un massimo di 3.300 dollari

CHUCK SCHUMER, LEADER DELLA MAGGIORANZA AL SENATO

Chuck Schumer si è rifiutato di stringere la mano al Primo ministro di Israele. Chuck Schumer è diventato un palestinese. Ci credereste? È diventato un membro orgoglioso di Hamas.

Dan Ladden-Hall, "Trump Smears Chuck Schumer as a 'Proud Member of Hamas'", yahoo.com, 1 agosto 2024.

Hamas è un'organizzazione terroristica che ha iniziato una guerra con Israele il 7 ottobre 2023, quando i suoi membri hanno attaccato e ucciso 1.200 partecipanti a un festival musicale all'aperto, prendendo oltre 250 persone in ostaggio. Il commento succinto di Schumer riportato dai media: "Più scende nei sondaggi, più deraglia".

"COMBATTETE, COMBATTETE, COMBATTETE"

Per leggere il cartellone, ho iniziato tipo a girarmi verso destra, e stavo per girarmi ancora un po', cosa che per fortuna ho evitato, quando ho sentito un suono sibilante e qualcosa che mi ha colpito molto duro all'orecchio destro.

Mi sono chiesto: "Wow, che cos'era quello?". Poteva essere solo un proiettile e ho portato la mano destra all'orecchio e l'ho ritirata coperta di sangue. C'era sangue dappertutto. Ho capito subito che era una situazione molto seria, che eravamo sotto attacco e mi sono lasciato cadere a terra. I proiettili continuavano a volare mentre i coraggiosi agenti del servizio segreto saltavano sul palcoscenico.

C'era sangue dappertutto, eppure in un certo senso mi sono sentito molto sicuro perché avevo Dio dalla mia parte. Lo sentivo.

La cosa sorprendente è che se non avessi mosso la testa all'ultimo momento prima dello sparo, il proiettile dell'assassino avrebbe centrato in pieno il bersaglio e non sarei qui stanotte. Non saremmo insieme.

www.scribe.com, "FULL REMARKS: 2024 Donald Trump Republican nomination acceptance speech"

Un assassino ventunenne, i cui scopi probabilmente non saranno mai chiariti, ha trasformato le elezioni del 2024 da ordinarie in straordinarie quando ha fatto la storia con un fucile, proprio come Lee Harvey Oswald il 22 novembre 1963, quando ha ucciso il presidente John F. Kennedy sulla sua auto mentre passava per la Dealey Plaza a Dallas, Texas.

L'immagine iconica di un Donald Trump coperto di sangue, sotto shock, circondato dai membri del servizio segreto, resterà per sempre nella storia americana. Un momento dopo, ha stretto le labbra, alzato il pugno e urlato: "Combattete! Combattete! Combattete!". Questo è diventato il nuovo grido di battaglia, mentre gli spettatori gli rispondevano ripetendo le sue parole e si compattavano dietro di lui.

COMMERCIO: "L'UOMO DEI DAZI"

Si dà il caso che io sia un convinto sostenitore dei dazi perché penso che ti facciano ottenere due cose: un guadagno economico e un guadagno politico.

Ana Swanson, Alan Rappeport, "Trump Eyes Bigger Trade War in Second Term", *The New York Times*, 27 giugno 2024

Secondo gli economisti, Trump – che si definisce "l'uomo dei dazi" – ha una posizione erronea sul commercio estero dal punto di vista fiscale. Il 2 marzo 2018 ha postato su X: "Quando una nazione (USA) sta perdendo molti miliardi di dollari nel commercio con praticamente qualsiasi Paese con cui fa affari, le guerre commerciali sono giuste e facili da vincere. Esempio: quando siamo sotto di $100 miliardi con un certo Paese (Cina) e loro fanno i carini, non commerciamo più. Vinciamo alla grande, è facile!".

"Recentemente, Trump ha imposto tariffe doganali che riguardano beni cinesi per un valore di 50 miliardi di dollari. Ha suggerito inoltre di imporre ulteriori tariffe su altri 100 miliardi di dollari di beni cinesi in un prossimo futuro."[43]

Il piano di Trump sarebbe un disastro per l'economia USA. Come ha riferito la CNN, "Sedici degli economisti più importanti al mondo – tutti vincitori del premio Nobel – hanno avvisato che l'ex presidente Donald Trump potrebbe alimentare l'inflazione se ottenesse la presidenza a novembre e portasse avanti i suoi piani economici"[44].

Karoline Leavitt, assistente portavoce per la campagna presidenziale di Trump, ha dissentito vigorosamente con una sua affermazione: "Il popolo americano non ha bisogno di inutili premi Nobel fuori dalla realtà che dicano quale presidente ha messo più soldi nelle sue tasche".

DEEP STATE

O il Deep State distrugge l'America o noi distruggiamo il Deep State.

Donald P. Moynihan, "Trump Has a Master Plan for Destroying the 'Deep State"

Come spiega il *New York Times*: "Il programma di Mr. Trump per accumulare potere è stato sviluppato da una costellazione di organizzazioni conservatrici che lo circondano, guidate dalla Heritage Foundation e il suo Project 2025. Questo piano eleverebbe la fedeltà a Mr. Trump a valore centrale nelle assunzioni, nei processi e nelle istituzioni del governo".

Il *Times* sottolinea che in questo momento le organizzazioni conservatrici stanno analizzando potenziali candidati senza nessuna esperienza nel servizio pubblico, soggetti politici che hanno giurato fedeltà a Trump. Queste persone senza esperienza, afferma il *Times*, "saranno piazzate in ogni ufficio del governo, comprese le istituzioni responsabili della protezione dell'ambiente, della sicurezza sul lavoro, della riscossione delle tasse, della definizione delle politiche di immigrazione, del mantenimento della sicurezza della rete, destinate a rappresentare gli interessi americani oltremare e a occuparsi dell'applicazione della legge".

La rivista *Public Administration Review* (gennaio/febbraio 2022) ha pubblicato l'articolo di Donald P. Moynihan "Public Management for Populists: Trump's Schedule F Executive Order and the Future of the Civil Service". L'abstract afferma:

"Per più di un secolo, i valori della protezione dei dipendenti e dei limiti del controllo diretto politico sono stati la *conditio sine qua non* di una burocrazia basata sul merito negli uffici pubblici USA. Questa tensione è emersa durante l'amministrazione Trump. L'ordine esecutivo Schedule F di Trump ha cercato di trasformare molti dei dipendenti di carriera del servizio pubblico in nominati politici, consentendo di rimuoverli se non si comportavano in conformità agli obiettivi del presidente. Negli ultimi giorni caotici dell'amministrazione Trump, l'ordine non è stato applicato, ma lo Schedule F offre sia un barlume di un processo alternativo per una politica di public managent che esclude il campo della pubblica amministrazione, sia un potenziale precursore del futuro del servizio pubblico USA."

DEMOCRATICI

Quando sei un Democratico, essenzialmente parti dal 40% perché hai il pubblico impiego, i sindacati e il welfare. Non sottovalutate il welfare. Usano il welfare per ottenere voti, e poi mentono su quello, mentono.

Nota: nel medesimo discorso ai finanziatori Repubblicani, Trump ha affermato che il presidente Biden dirige un'"amministrazione Gestapo".

Mitt Romney, che perse le elezioni del 2012, ha affermato: "C'è un 47% delle persone che voteranno per il presidente [Obama] in ogni caso" perché "dipendono dal Governo" e "credono di essere vittime"; aggiungendo: "il mio lavoro non è preoccuparmi di quelle persone. Non le convincerò mai che dovrebbero assumersi una responsabilità personale e prendersi cura delle loro vite"[45].

Bill Barrow, Lisa Mascaro, "With 'Gestapo' comment, Trump adds to numerous past Nazi Germany references", PBS News, 6 maggio 2024.

DISFATTA CAOTICA IN AFGHANISTAN

E per quanto riguarda l'Afghanistan, io ne stavo uscendo, ma lo stavamo facendo con dignità, con forza, con potere. Lui [Biden] l'ha mollato, è stato il giorno più imbarazzante nella storia della nostra nazione.

CNN, "READ: Biden-Trump debate transcript",
28 giugno 2024

"Gli ufficiali anziani delle forze armate statunitensi hanno collegato il collasso del governo afgano e delle sue forze di sicurezza in agosto all'accordo dell'ex presidente Donald Trump con i talebani, nel 2020, con cui ha promesso il ritiro completo delle truppe USA."

Come ha spiegato il generale Frank McKenzie (comandante al CENTCOM, Comando Combattente Unificato delle Forze Armate USA): "La firma dell'accordo di Doha ha avuto un effetto veramente negativo sul governo afgano e sui suoi militari – più di tutto in senso psicologico – perché abbiamo stabilito una data certa per la nostra partenza, oltre la quale potevano aspettarsi la fine di ogni assistenza".

https://www.aljazeera.com/news/2021/9/30/us-generals-say-afghanistan-collapse-rooted-in-trump-taliban-deal

Quando Donald Trump ha annunciato una data certa per il ritiro, ha offerto ai talebani un'informazione che ha accelerato il collasso dell'Afghanistan. Senza il supporto attivo degli USA, il governo afgano è stato incapace di sostenere operazioni militari. In uno scenario caotico che rispecchiava il collasso del Vietnam del Sud quando gli USA lo abbandonarono nel 1975, il governo afgano è crollato quando i talebani hanno preso il potere, con prevedibili risultati disastrosi. Come ha spiegato chathamhouse.org: "Un anno dopo l'ascesa al potere dei talebani... le condizioni dell'Afghanistan stanno peggiorando. La situazione economica è disastrosa, i tassi di malnutrizione stanno crescendo, i diritti delle donne sono stati ridotti, la migrazione interna e le deportazioni sono continue, il sistema sanitario si sta sgretolando: si ritiene che il tasso di mortalità delle madri, già alto, sia quadruplicato"[46].

Secondo pbs.org: "Un'indagine americana condotta dal National Security Council sul ritiro caotico delle truppe dall'Afghanistan, nel 2021, attribuisce ampie responsabilità all'ex presidente Donald Trump, affermando che il presidente Joe Biden è stato 'fortemente limitato' dalle decisioni del suo predecessore".

Temendo rappresaglie, i membri delle forze armate afgane hanno rapidamente abbandonato le loro postazioni. Si sono disfatti immediatamente delle uniformi per mischiarsi alla popolazione civile ed evitare di essere identificati, altrimenti sarebbero stati catturati, imprigionati, torturati, bruciati vivi o uccisi dai talebani come traditori.

Com'era prevedibile, gli accordi tra USA e talebani sono stati infranti secondo convenienza, è stato folle per gli USA anche solo pensare che i talebani avrebbero onorato la loro parola, in special modo nei confronti di un acerrimo nemico. Una volta che i terroristi hanno riguadagnato il controllo del Paese, lo hanno fatto ripiombare nel caos; erano assolutamente consapevoli che gli Stati Uniti sarebbero stati impotenti.

La guerra più lunga della storia americana è stata una ripetizione di quanto accaduto in Vietnam. Un comitato di studio sull'Afghanistan ha così sintetizzato il conflitto ventennale: "ha preso le vite di circa 2.500 soldati americani, uomini e donne, è costato 1.000 miliardi di dollari e ha occupato l'attenzione di quattro amministrazioni presidenziali".

Un'accurata spiegazione di quanto è avvenuto è stata sintetizzata in un documento di dodici pagine della Casa Bianca, disponibile all'indirizzo: https://www.pbs.org/newshour/politics/u-s-review-of-chaotic-afghanistan-withdrawal-blames-trump.

Eugene Kiely, Robert Farley, "Timeline of U.S. Withdrawal from Afghanistan", factcheck.org, 17 agosto 2021

*

Nel primo dibattito presidenziale tra Trump e Biden (27 giugno 2024), Trump ha parlato del ritiro: "Nessun generale è stato licenziato per il momento più imbarazzante della storia del nostro Paese, [la nostra partenza precipitosa dall'] Afghanistan, dove abbiamo lasciato indietro miliardi di dollari di equipaggiamento, [e dove] abbiamo perso 13 splendidi soldati e 38 soldati [che] sono stati cancellati. E, a proposito, abbiamo anche lasciato indietro della gente. Abbiamo lasciato indietro dei cittadini americani".

Uno sketch della trasmissione comica Saturday Night Live (9 febbraio 1991), andato in onda durante la Guerra del Golfo, sottolinea ciò che Trump avrebbe dovuto sapere quando ha annunciato prematuramente una data per il ritiro: il comico Kevin Nealon, che impersonava un addetto stampa del Dipartimento della difesa, inizia la conferenza stampa affermando: "Sono felice di rispondere a qualsiasi domanda che potete avere, tenendo presente che ci sono certe aree sensibili in cui non mi addentrerò, con riguardo particolare alle informazioni che potrebbero essere utili al nemico".

La prima domanda posta da un giornalista americano fu: "Qual è la data in cui inizieremo l'attacco di terra?".

Neal rispose: "Bene, come ho detto un momento fa, ci sono alcune aree sensibili in cui non mi addentrerò, e questa è sicuramente una di quelle".

Come ha affermato theguardian.com, "L'annuncio di Trump del ritiro dall'Afghanistan ha colto gli ufficiali americani di sorpresa". In un articolo dell'8 ottobre 2020, Emma Graham-Harrison e Julian Borger hanno scritto: "Numerosi ufficiali hanno riferito alla Associated Press che non erano stati informati di alcuna deadline, ed esperti militari hanno sostenuto che sarebbe stato impossibile ritirare tutti i 5.000 soldati dall'Afghanistan e smantellare i quartier generali USA entro la fine dell'anno. ... Tuttavia, l'annuncio fu accolto entusiasticamente dai talebani. ... Se Trump darà seguito, il gruppo militante quasi certamente lo reclamerà come una vittoria, dopo decenni durante i quali ha definito il conflitto una guerra contro l'aggressione straniera".

DONALD TRUMP PREGIUDICATO

È tutto messo in piedi da Biden e dalla sua gente. È tutto organizzato da Washington. Nessuno ha mai visto una cosa del genere. ... Questa è una situazione in cui se possono fare una cosa simile a me, possono farla a chiunque. Queste sono persone cattive.

Matt Dixon, "'These are bad people': Trump unloads after his historic guilty verdict", nbcnews.com, 31 maggio 2024

Secondo lo staff di *POLITICO*: "Per i primi 234 anni di vita della nazione nessun presidente americano, o ex presidente, è stato mai rinviato a giudizio. Tutto questo è cambiato nel 2023. In cinque mesi, l'ex presidente Donald Trump è stato accusato in quattro processi. Presi nel complesso, i rinvii a giudizio lo accusano di un'ampia gamma di attività criminali prima, durante e dopo la sua presidenza. Uno di questi procedimenti ha condotto ora al primo verdetto di colpevolezza di un ex presidente, gli altri tre rimangono tuttora pendenti".

I casi:
1. Il "Caso del denaro del silenzio" che ha dato origine alla condanna di Donald Trump il 30 maggio 2024.
2. Il "Caso dell'interferenza nelle elezioni federali": pendente.
3. Il "Caso dell'interferenza nelle elezioni della Georgia": pendente.
4. Il "Caso dei documenti segreti": pendente.

POLITICO magazine, "Tracking the Trump criminal cases",
13 giugno 2023, aggiornato il 31 giugno 2024

"DREAMERS"* E 14° EMENDAMENTO

Nella sua campagna Trump ha affermato che il primo giorno in carica firmerà un ordine esecutivo per ritirare passaporto, numero di sicurezza sociale e altri benefici ai figli di immigrati senza documenti nati negli Stati Uniti. L'idea di mettere in discussione la garanzia di cittadinanza per nascita stabilita dal 14° emendamento genererà sicuramente un conflitto davanti alla corte.

Isaac Arnsdorf, Nick Miroff, Josh Dawsey,
"Trump and allies planning militarized mass deportations,
detention camps",
www.washingtonpost.com, 21 febbraio 2024.

* Con il termine *dreamers* si definiscono i figli degli immigrati illegali che sperano di essere naturalizzati (*N.d.t.*).

I figli degli immigrati legali nati negli Stati Uniti sono protetti dal 14° Emendamento, che stabilisce: "Tutte le persone nate o naturalizzate negli Stati Uniti e sottoposte alla relativa giurisdizione sono cittadine degli Stati Uniti e dello Stato in cui risiedono".

Per quanto riguarda i loro genitori, in un articolo del *Washington Post* la portavoce della campagna di Trump Karoline Leavitt ha affermato: "Gli americani si possono aspettare che, subito dopo il suo ritorno allo Studio ovale, riattiverà tutte le sue precedenti politiche, implementerà nuovi giri di vite che si rifletteranno su tutto il mondo criminale e radunerà ogni potere statale e federale necessario per avviare la più grande operazione di deportazione nella storia dell'America. ... [gli immigrati illegali] non dovrebbero sentirsi a proprio agio, perché molto presto se ne andranno a casa".

GIOCARSI LA CARTA DEI NERI

Non sapevo che fosse nera fino a qualche anno fa quando le è successo di diventare nera e ora vuole essere riconosciuta come tale. Quindi non so, è indiana o nera? ... Se diventa il vostro presidente, la nostra nazione è finita. ... Penso che sia una disgrazia. Sono venuto di buon animo. Amo la popolazione nera di questo Paese. Ho fatto così tanto per la popolazione nera di questa nazione.

Matt Brown, Michelle L. Price, "Donald Trump falsely suggests Kamala Harris misled voters about her race", apnews.com, 31 luglio 2024

Durante una convention annuale della National Association of Black Journalists, Donald Trump ha preso la parola e ha denigrato Kamala Harris, affermando che le è "successo di diventare nera", mentre in realtà è di discendenza nera e asiatica. Non è improvvisamente diventata nera per motivi politici.

IMMIGRATI

Hanno lasciato entrare – credo che il numero vero sia quindici, sedici milioni di persone – nel nostro Paese. Quando fanno questa cosa, ci lasciano un gran lavoro da fare. Stanno avvelenando il sangue del nostro Paese. Ecco quello che stanno facendo. Avvelenano gli ospedali psichiatrici e le prigioni di tutto il mondo, non solo in Sud America, non solo nelle tre o quattro nazioni a cui pensiamo, ma in tutto il mondo. Vengono nel nostro Paese dall'Africa, dall'Asia, da tutto il mondo.

Ginger Gibson, "Trump says immigrants are 'poisoning the blood of our country'. Biden campaign likens comments to Hitler", nbcnews.com, 17 dicembre 2023

IMMIGRATI CHE VARCANO LA FRONTIERA MERIDIONALE

Secondo l'articolo di Jill Colvin di *APNews,* Donald Trump promette di "fermare immediatamente l'invasione dalla frontiera meridionale", "tenere i terroristi radicali islamici fuori dal Paese" e istituire uno "screening ideologico" per gli immigrati.

Jill Colvin, "Trump's plans if he returns to the White House include deportation raids, tariffs and mass firings", apnews.com, 12 novembre 2023

Il progetto di Donald Trump per fermare il flusso di persone dalla frontiera meridionale è un draconiano passo più lungo della gamba:

1. deportare gli immigrati illegali;
2. deportare gli immigrati legali con "simpatie jihadiste";
3. usare la DEA e l'FBI per "l'applicazione delle norme sull'immigrazione" (campo di azione riservato all'ICE, Immigration and Customs Enforcement);
4. spostare migliaia di militari attualmente dispiegati all'estero;
5. imporre divieti di ingresso a Paesi a maggioranza musulmana;
6. abolire la cittadinanza per nascita per impedire alle agenzie federali di garantire automaticamente la cittadinanza ai figli di persone che sono negli Stati Uniti illegalmente.

"JOE LO STORTO" TORNA IN CORSA?

Questo è il duo più radicale e di sinistra della storia americana. Non c'è mai stata una cosa del genere e non ci sarà mai più. Kamabla [*sic*] la Pazza è senza dubbio PAZZA. SENTO CHE C'È UN GRAN MOVIMENTO PER 'RIPORTARE INDIETRO JOE LO STORTO'.

Che probabilità ci sono che Joe lo Storto, il PEGGIOR presidente della storia degli USA – la cui presidenza è stata incostituzionalmente RUBATA da Kamabla [*sic*], Barrack HUSSEIN Obama, Nancy la Pazza Pelosi, Adam il Losco Schiff, Chuck il Piagnone Schumer e altri della Sinistra Demente – DISTRUGGA la convention nazionale democratica e tenti di riprendersi la nomination, a partire dalla sfida rivolta a me per un altro DIBATTITO. Sente che ha commesso uno storico tragico errore a cedere la Presidenza USA, un GOLPE, alle persone che odia di più e la rivuole indietro, ORA!!!

Post dell'app di social media di Donald Trump, Truth Social, 6 agosto 2024.

La teoria cospirazionista di Donald Trump non ha alcuna base reale.

KAMALA HARRIS CONDANNA LA "PROJECT 2025"

In un comizio a West Allis, Wisconsin, il 23 luglio 2024, Kamala Harris ha bastonato Trump e ha condannato la sua drastica agenda Project 2025. Non ci crederete, ma l'hanno messa per iscritto. Leggetela. Sono 900 pagine. Ma sapete cosa? Quando la leggete vi rendete conto che Donald Trump vuole tagliare la sicurezza sociale e il Medicare. Vuole alleggerire le tasse per i miliardari e le grandi corporation e far pagare il conto alle famiglie della classe lavoratrice. Vogliono abrogare l'Affordable Act Care* e riportarci al tempo in cui le compagnie di assicurazione potevano negare assistenza alle persone con condizioni preesistenti.

Daniel Dale, "Fact check: Harris falsely claims Project 2025 blueprint calls for cutting Social Security", cnn.com, 24 luglio 2024

Facts First ha corretto le sue affermazioni, spiegando che "Una delle tesi di Harris sulla Project 2025 è falsa, mentre un'altra è perlomeno fuorviante. Il documento Project 2025 non mostra che Trump intende tagliare la sicurezza sociale: affronta a malapena l'argomento e non propone tagli al programma. Inoltre, contrariamente alle allusioni di Harris, Project 2025 non si propone di abolire l'Affordable Care Act o di eliminare la protezione per le persone con condizioni preesistenti. Il documento critica l'Affordable Care Act, in particolare l'espansione legislativa

* Il provvedimento con cui Barack Obama ha allargato l'assistenza sanitaria a tutti i cittadini statunitensi (*N.d.t.*).

del Medicaid, ma rende chiaro che intende modificare la legge piuttosto che abolirla del tutto".

Elaborato dalla Heritage Foundation, "Project 2025" è un "mandato per leadership: la promessa conservatrice". Può essere letto all'indirizzo: https://www.documentcloud.org/documents/24088042-project-2025s-mandate-for-leadership-the-conservative-promise.

KAMALA HARRIS SI BUTTA NELLA GARA

Farò tutto quello che posso per unire il Partito Democratico – e il nostro Paese – per sconfiggere Donald Trump e la sua drastica agenda Project 2025.

Mary Whitfill Roeloffs, "Kamala Harris Confirms She's Running For President—After Biden's Crucial Endorsement", *Forbes*, 21 luglio 2024

LAVORI DA NERI

Un lavoro da neri è quello di chiunque ha un lavoro.

Matt Brown, Michelle L. Price, "Donald Trump falsely suggests Kamala Harris misled voters about her race", apnews.com, 31 luglio 2024

Non sorprende che i giornalisti abbiano attribuito al commento di Donald Trump un intento denigratorio. Dalla stessa fonte si legge: "Il Repubblicano [Trump] ha anche ripetuto la sua falsa affermazione che gli immigrati illegali nel Paese stiano 'prendendo lavori da neri'. Quando è stato sollecitato da Rachel Scott [giornalista di ABC News] sulla definizione di 'lavoro da nero', Trump ha risposto affermando: 'Un lavoro da nero è quello di chiunque ha un lavoro', scatenando una serie di mugugni in sala. A un certo punto ha detto: 'Sono stato il miglior presidente per la gente nera dai tempi di Abramo Lincoln'. Il pubblico ha risposto con un mix di fischi e qualche applauso".

MEDIA

La stampa sta facendo tutto quello che è in suo potere per contrastare la magnificenza della frase RENDIAMO DI NUOVO GRANDE L'AMERICA! Non possono sopportare il fatto che questa amministrazione ha fatto più di praticamente tutte le altre amministrazioni nei primi due anni. Sono veramente i NEMICI DELLA GENTE!

Brett Samuels, "Trump ramps up rhetoric on media, calls press 'the enemy of the people'", thehill.com, 4 maggio 2019

Thehill.com, citando il commento di Donald Trump sul suo account Twitter (ora X), ha sottolineato che la sua guerra perenne contro i media è stata, e continua a essere, instancabile; nessuno si salva dalla diffamazione, compresi i principali organi di stampa: il *New York Times* ("giornale di fake news"), il *Washington Post* ("folle e disonesto") e qualunque altra entità, "fake news".

Nel suo primo libro (*Trump: l'arte di fare affari*) Donald Trump riconosce l'impatto negativo su di lui di quanto i giornalisti scrivono sui principali quotidiani e riviste: "Mi irrita il fatto che a questi critici... sia data carta bianca per esprimere le loro idee sulle pagine delle pubblicazioni più importanti, quando invece ai bersagli delle loro critiche non è quasi mai offerto lo spazio per rispondere. Ovviamente posso essere irritato quanto voglio e non mi sarà di nessun aiuto. Fino a quando un critico scrive per un quotidiano come il *New York Times*, la sua opinione continuerà ad avere un grande peso, che mi piaccia o meno".

NIENTE PIÙ GENTILEZZA

Se non vi spiace, non sarò più gentile, vi va bene? ... Pensavano che fossi gentile. [Il vicepresidente Harris] è il vicepresidente più incompetente e a sinistra della storia... Totalmente contro gli ebrei. ... Poi la loro campagna afferma "Io sono l'inquirente, e lui è un pregiudicato". Ecco la loro campagna. Non credo che la gente se la berrà.

David Jackson, "'I'm not going to be nice:' Donald Trump launches all-out attack on Kamala Harris", usatoday.com, 25 luglio 2024

Donald Trump mette il presidente Biden e il vicepresidente Kamala Harris nello stesso mazzo. La sua opinione è che entrambi siano i peggiori nella storia americana in assoluto.

"OPERAZIONE MILITARE SPECIALE" DI PUTIN

Se fossi presidente, vi dico, farei finire quella guerra in un giorno, ci vorrebbero 24 ore.

Oliver Browning, "Trump claims he would end war in Ukraine in one day: 'It would be easy'", independenttv, 4 maggio 2023

L'invasione russa dell'Ucraina del febbraio 2022 è stata concepita da Putin come un'operazione militare che doveva durare settimane, e non – come si è rivelata dopo due anni – una guerra ancora senza fine. Tuttavia, senza gli aiuti umanitari e le forniture di armi degli USA e dei Paesi NATO, l'Ucraina non potrebbe sostenere i combattimenti.

La preoccupazione dell'Ucraina è che se gli USA dovessero ritirare il loro sostegno la guerra finirebbe all'istante. Il Paese ha bisogno di aiuti finanziari, umanitari, di aerei da combattimento, di batterie di Patriot sofisticati e di munizioni, in special modo di proiettili da artiglieria da 155 mm.

Trump disapprova il flusso di miliardi di dollari USA verso l'Ucraina, incolpando il presidente Zelensky: "Se n'è appena andato con 60 miliardi di dollari, torna a casa e annuncia che ha bisogno di altri 60 miliardi. Non smette mai. Quando sarò presidente eletto metterò fine a questa cosa prima ancora di arrivare alla Casa Bianca".

A dicembre 2023, il candidato vicepresidente J.D. Vance ha affermato a NBC News che "È nei migliori interessi americani ... accettare che l'Ucraina ceda qualche territorio ai russi".

Jones Hayden, Politico, "Trump threatens to cut US
aid to Ukraine quickly if reelected",
POLITICO, 16 giugno, 2024

*

In un articolo della CNN del 14 giugno 2024: "Il presidente Vladimir Putin afferma che la Russia terminerà la guerra con l'Ucraina solo quando Kiev rinuncerà a tutte le regioni reclamate da Mosca e abbandonerà la richiesta di entrare nella NATO. ... Putin ha affermato che l'Ucraina si deve smilitarizzare e i Paesi occidentali devono abrogare le sanzioni contro la Russia ...".

Katherina Krebs, Christian Edwards, Anna Chernova,
"Putin demands more land to end Ukraine war, terms Kyiv
rejects as 'complete sham'",
CNNWorld, 14 giugno 2024

*

Se fossi stato presidente, la guerra Russia/Ucraina non sarebbe mai iniziata, ma anche adesso, se fossi in carica, sarei in grado di negoziare una fine a questa guerra orribile e in continua espansione in 24 ore. Che spreco tragico di vite umane!!! ... Prima arrivano i carri armati e poi le bombe nucleari. Dobbiamo mettere fine a questa guerra, ORA. Sarebbe così facile da fare!

Aila Slisco, "Trump Says He Could End Russia's War 'Within 24 Hours' of Negotiation", *Newsweek*, 26 gennaio 2023.

COMMENTO DEL PRESIDENTE DELL'UCRAINA VOLODYMYR ZELENSKY

"Credo che Donald Trump non conosca Putin. So che lo ha incontrato... ma non ha mai combattuto con Putin. [L']Esercito Americano non ha mai combattuto con quello russo. Mai ... Io ho una migliore comprensione. Non credo che capisca che Putin non si fermerà mai."

Ivana Kottasova, Kaitlan Collins, "Zelensky says Trump doesn't understand Putin because he has never fought him", CNN, 26 febbraio 2024.

LA RISPOSTA DI PUTIN

"Prendiamo assolutamente sul serio il fatto che Mr. Trump, in quanto candidato presidenziale, dichiari che è pronto e vuole fermare la guerra in Ucraina. Ovviamente non conosco possibili proposte su come pensa di ottenere questo risultato.

Questa è la domanda fondamentale. Ma non ho dubbi che ci creda sinceramente, e sosteniamo l'idea di porre fine alla guerra."

"Putin says he thinks Trump is sincere about ending Ukraine war", *Reuters*, 4 luglio 2024

POSIZIONE DEI DEMOCRATICI SULLA FRONTIERA MERIDIONALE

Vogliono aprire le frontiere.

Daniel Dale, "Trump makes at least 12 false claims with Italian President", CNN Politics, Facts First, CNN, 16 ottobre 2019

Durante una conferenza stampa congiunta con il presidente Sergio Mattarella, Donald Trump ha pronunciato false affermazioni, compresa quella infondata che i Democratici vogliono "aprire le frontiere".

Come ha spiegato Facts First: "Persino i candidati presidenziali democratici che sostenevano la depenalizzazione dell'ingresso illegale nel Paese ... non sostengono un'immigrazione completamente senza limiti, come suggerisce Trump".

Daniel Dale, "Trump makes at least 12 false claims with Italian President", cit.

PRENDERE O LASCIARE

Non sorprende che la liberale di San Francisco Kamala Harris abbia voluto l'arrampicatore della West Coast Tim Walz come vicepresidente nella corsa elettorale. Walz ha trascorso il suo mandato da governatore tentando di trasformare il Minnesota nel Golden State [California, *N.d.t.*]. Mentre Walz pretende di sostenere gli americani che vivono nelle zone centrali del Paese, quando le telecamere sono spente crede che l'America rurale sia "principalmente mucche e pietre". Dalla proposta di una propria agenda carbon-free, a standard di emissioni più rigidi per le auto a combustione interna, fino alle leggi per far votare i detenuti, Walz è ossessionato dall'esigenza di diffondere la pericolosa agenda liberale della California in tutto il paese. Se Walz non dice la verità agli elettori, lo faremo noi: proprio come Kamala Harris, Walz è un pericoloso liberale estremista, e il sogno californiano di Harris-Walz è l'incubo di ogni americano.

Karoline Leavitt, responsabile della campagna elettorale di Trump, "Statement on Kamala's Selection of Radical Leftist Tim Walz",
comunicato stampa, 6 agosto 2024

PRESIDENTE BIDEN

È un vecchio mucchio di stronzate scassato... Ha proprio mollato, sapete, sta mollando la corsa... L'ho fatto fuori.

Alayna Treene, "Trump caught on camera slamming Biden", cnn.com, da un video clip ottenuto da thedailybeast.com

Il video girato con un cellulare mostra Trump in una golf cart al Trump National Golf Club di Bedminster, New York, il 27 giugno 2024. Ovviamente i commenti non dovevano essere registrati.

Le affermazioni derisorie di Trump ben si accordano con il soprannome che ha dato al presidente Biden: "Joe il sonnolento". Nello stesso video Trump attacca anche il vicepresidente Kamala Harris: "È così pessima, così patetica, così dannatamente pessima".

Chris LaCivita, uno dei manager della sua campagna elettorale, ha scritto su X (precedentemente Twitter): "niente in questo video è sbagliato"[47].

PROJECT 2025

Discorso ai partecipanti alla cena della Heritage Foundation, aprile 2022.

Non so nulla di Project 2025. Non ho idea di chi ci sia dietro. ... Non l'ho visto, non ho idea di chi lo diriga e, a differenza della nostra ben accolta Piattaforma Repubblicana, non ci ho nulla a che fare. ... Quello è un grande gruppo, e stanno definendo le basi generali e i piani dettagliati per esattamente quello che il nostro movimento farà e il vostro movimento farà quando il popolo americano ci conferirà un mandato colossale per salvare l'America.

Vaughn Hillyard, Alexandra Marquez, "Trump disavows Project 2025, but he has long-standing ties to some key architects", nbcnews.com, 11 luglio 2024

Secondo *NBC News* "L'iniziativa Project 2025 mira a essere pronta con raccomandazioni sulle politiche conservatrici quando il partito riprenderà la Casa Bianca. Il gruppo sta anche selezionando e addestrando persone che potranno popolare una futura amministrazione".

QUESTA SARÀ L'ELEZIONE PIÙ IMPORTANTE NELLA STORIA DEL NOSTRO PAESE

Uniamoci, proprio ora: "Questa elezione dovrebbe riguardare i problemi che sta affrontando il nostro Paese e come rendere di nuovo l'America di successo, sicura, libera e grande. Troppo spesso la nostra politica ci divide".

Guai legali di Donald Trump: "Se i Democratici vogliono unire il nostro Paese, devono abbandonare questa caccia alle streghe partigiana... e dovrebbero farlo senza indugio e consentire che si svolga un'elezione degna del nostro popolo. Vinceremo comunque".

L'uomo dell'immigrazione: "La corrente amministrazione ha messo fine a ogni singola grande politica che ho adottato per sigillare le frontiere".

J.D. Vance, candidato vicepresidente: "Sarà un grande vicepresidente... È stato un onore sceglierlo. Un grande, grande studente a Yale. Sua moglie è stata una grande studentessa a Yale. Si sono incontrati a Yale. Queste sono due persone intelligenti".

Declino dell'America: "Abbiamo una leadership totalmente incompetente. ... Questa sarà l'elezione più importante nella storia del nostro Paese. Sotto l'attuale amministrazione siamo sicuramente una nazione in declino".

Selezione di citazioni dal discorso di Trump alla convention repubblicana (Milwaukee, Wisconsin, 18 luglio 2024), scelte da *Time* (Nik Poli, "Six Takeaways From Donald Trump's Convention Speech", 19 luglio 2024).

RIVENDICAZIONE DI LIBERTÀ DI PAROLA

Il presidente Trump è assolutamente impegnato a porre fine alla censura sistematica del popolo americano. Licenzierà i burocrati federali impegnati a censurare il discorso legittimo, proibirà alle agenzie federali la censura sui discorsi e promulgherà una dichiarazione dei diritti digitali.

Dal sito ufficiale di Donald Trump, "Reclaim Free Speech", https://www.donaldjtrump.com

La difesa di Donald Trump contro le accuse di aver interferito nelle elezioni federali del 2020 si appoggia largamente sulla sua affermazione che ogni cosa che ha detto è protetta dal Primo emendamento.

Secondo quanto ha scritto politico.com: "Lo sforzo ha raggiunto il suo apice il 6 gennaio 2021, quando una folla di sostenitori di Trump ha preso d'assalto il Campidoglio e impedito il trasferimento pacifico del potere".

Come ha spiegato il *New York Times* sulla questione della frode elettorale: "Gli avvocati del signor Trump e i suoi alleati ... affermano che i diritti del signor Trump derivanti dal Primo emendamento sono sotto attacco. Affermano che il signor Trump ha ogni diritto di esprimere le sue opinioni sulla frode elettorale in cui, sostengono, credeva e per essere onesti crede ancora, e che le azioni che ha intrapreso o proposto dopo l'elezione erano basate su un consiglio legale".

Michael S. Schmidt, Maggie Haberman, *The New York Times*, "Trump Election Charges Set Up Clash of Lies Versus Free Speech", 2 agosto 2023 (aggiornato il 3 agosto 2023).

RIVOLTA DEL 6 GENNAIO 2021

Credo che sia stata un'insurrezione causata da Nancy Pelosi.

CNN, "Fact check: Trump lies that Jan. 6 was 'an insurrection caused by [House Speaker] Nancy Pelosi'"

Dall'articolo della CNN che cita Facts First: "Questa pretesa è completamente inventata, una pura bugia. Pelosi non ha colpe per una folla di sostenitori pro-Trump ispirati dalle sue bugie sulle elezioni del 2020 che ha preso d'assalto il Campidoglio".

Pelosi, in risposta alle false accuse di Donald Trump, ha osservato che se lui fosse andato in Campidoglio "Lo avrei steso. Dico che lo avrei steso. Sarei andata in prigione. E sarei stata felice di farlo. ... Non avrebbe avuto il coraggio di venire in Campidoglio. È solo chiacchere".

SHOCK

Donald Trump sotto shock dopo essere stato colpito dal proiettile dell'attentatore.

Fatemi prendere le scarpe. [...] Aspettate, aspettate, aspettate, aspettate.

www.usnews.com, "Transcript: What Did Trump Say After He Was Shot?", 15 luglio 2024

In piedi davanti a un leggio a Butler, Pennsylvania, durante un comizio, Trump ha girato la testa per leggere un cartellone e questo gli ha salvato la vita. Un proiettile da 5.6 mm lo ha infatti colpito a un orecchio, i servizi segreti hanno reagito e lo hanno coperto mentre perdeva una scarpa. Sotto shock, Trump voleva riprendere la scarpa.

SOGNO AMERICANO

Se un liberale folle come Kamala Harris vince, il sogno americano è morto. Credo che sia morto. Credo che sia morto.

Mary Louise Kelly, intervista radiofonica al corrispondente dalla Casa Bianca Franco Ordonez, "The latest in Trump's campaign, as Democrats shake things up",
jnpr.org, 29 luglio 2024

Quando il presidente Biden era ancora in corsa per la rielezione, Donald Trump lo ha attaccato con una cattiveria in forte contrasto con il tono gentile e responsabile utilizzato da Biden. Ora che Biden è fuori dal gioco, Trump ha preso di mira Harris. Come ha spiegato Franco Ordonez: "... Trump sta tentando di definire Harris nei propri termini. Ecco perché lo sentite ripetere spesso che è una radicale, una ultra-liberale".

STATISTICHE DI TRUMP SECONDO FACTCHECK.ORG

Nota: *per una consultazione più semplice le statistiche sono organizzate secondo risultati favorevoli e sfavorevoli, basati sui quattro anni in cui Donald Trump è stato in carica, dal 2017 al 2020*[48].

FAVOREVOLI

I salari sono cresciuti più dell'inflazione.
I profitti delle aziende quotate dopo le tasse sono cresciuti e il mercato azionario ha stabilito nuovi record.
Le emissioni di carbonio derivanti dal consumo di energia sono crollate.

SFAVOREVOLI

L'economia ha perso 2,9 milioni di posti di lavoro.
Il deficit commerciale internazionale che Trump aveva promesso di ridurre è aumentato.
Il numero di persone prive di assistenza sanitaria è aumentato di 3 milioni.
Il debito federale detenuto dal pubblico è aumentato.
L'immigrazione illegale è aumentata.
La produzione di carbone è diminuita.
La produzione di armi è aumentata.
Nel 2020 il numero di omicidi è salito al livello più alto dal 1997.

TENTATIVO DI ASSASSINIO

Discorso di Trump alla convention nazionale repubblicana, dopo l'attentato, 15-18 luglio 2024.

Non dovevo essere qui stasera ... Sono di fronte a voi in questa arena solo per grazia del Signore onnipotente.

[Mi] sento molto sicuro, perché ho Dio al mio fianco.

Jeongyoon Han, Stephen Fowler, "Trump recounts assassination attempt: 'I'm not supposed to be here'", www.npr.org, 19 luglio 2024

Il 13 luglio 2024 Donald Trump ha tenuto un comizio a Butler, Pennsylvania. Un attentatore solitario ha tentato di ucciderlo e ha fallito. Un proiettile, sparato da un fucile d'assalto, lo ha ferito di striscio all'orecchio sinistro. L'attentatore è stato in seguito ucciso da un cecchino dei servizi segreti.

L'indagine successiva all'attentato ha messo in luce alcune negligenze da parte dei Servizi segreti nel loro complesso; molti hanno chiesto le dimissioni immediate del direttore dei Servizi Kimberly Cheatle, e alcuni membri del Congresso l'hanno messa sulla graticola in un'udienza il 30 luglio 2024, causandone le dimissioni. Solo una settimana prima, però, Cheatle era stata adamantina sul fatto di rimanere al proprio posto, riferendo ai media: "Credo di essere la migliore persona per dirigere il Servizio segreto in questo momento".

TIM WALZ, GOVERNATORE DEL MINNESOTA

Scatenerà L'INFERNO IN TERRA e aprirà i nostri confini ai peggiori criminali immaginabili. È CATTIVO A TAL PUNTO.

Igor Bobic, "Donald Trump Claims Tim Walz Will 'Unleash HELL ON EARTH'", huffpost.com, 6 agosto 2024

Il manuale di gioco di Donald Trump prevede di attaccare, attaccare, attaccare i suoi avversari. "Nancy Pelosi la Pazza" (così l'ha definita Trump), citata nello stesso articolo, dice di Tim Walz che "Caratterizzarlo come di sinistra è così assurdo. Sta proprio nel mezzo. È un esempio del democratico americano". Kamala Harris ha aggiunto: "Una cosa che mi ha colpito di Tim è la profondità della sua convinzione di battersi per le famiglie della classe media americana. Come governatore, coach, insegnante e veterano, ha lavorato per le famiglie della classe lavoratrice come la sua. Costruiremo una grande collaborazione. Abbiamo iniziato da sfavoriti, ma credo che insieme potremo vincere queste elezioni".

TRUMP "AL CENTRO DEL BERSAGLIO"

Alcuni Repubblicani hanno incolpato Biden per il tentativo di assassinio, dopo che il presidente ha detto "È ora di mettere Trump nel centro del bersaglio" in un'affermazione fatta in privato ad alcuni finanziatori pochi giorni prima del comizio sanguinoso.

Alex Woodward, "Biden admits saying 'bullseye' was a 'mistake' while discussing Trump agenda", independent.co.uk, 16 luglio 2024

La citazione si riferisce a un'intervista condotta da Lester Holt, anchorman della BBC, in cui Biden ha affermato che le parole erano fuori luogo e prive di intenzioni cattive. Dall'intervista: "La questione era, e credo che fosse quello di cui parlavamo in quel momento, che c'era poca attenzione sull'agenda di Trump. ... È stato un errore usare quelle parole. Non ho detto 'attenzione'. Ho detto 'bersaglio'. Concentrarsi su quello che sta facendo. Concentrarsi sulle sue politiche, sul numero di bugie che ha detto nel dibattito" [27 giugno 2024].

TRUMP SI SFOGA SU BIDEN E HARRIS

Wow, appena poco fa stavo guardando la fake news, e stanno facendo proprio del loro meglio per trasformare il Peggior presidente della Storia del nostro Paese nel "Brillante ed eroico leader" (è stato eroico perché ha lasciato!), e trasformare la "stupida come un sasso" Kamala Harris da fallimento totale e vicepresidente insignificante nel futuro "Grande" presidente. No, non funziona proprio in questo modo!

Natalie Allison, "2024 Elections: Harris and Trump launch lines of attack: A crook or 'Dumb as a Rock'", politico.com, 23 luglio 2024

La vicepresidente Kamala Harris è stata il ventiduesimo Procuratore generale dello Stato della California, e Trump è un pregiudicato. Cionondimeno, Donald Trump ha cercato di screditarla completamente. Lei ha replicato: "Sono stata procuratore in tribunale. In questo ruolo ho perseguito ogni genere di criminale. Predatori che hanno abusato di donne, truffatori che hanno ingannato i consumatori, traditori che hanno infranto le regole del loro stesso settore. Quindi statemi a sentire quando vi dico che conosco il tipo di Donald Trump" (politico.com, "2024 Elections...").

UN DIBATTITO SUL DIBATTITO CON IL VICEPRESIDENTE KAMALA HARRIS

Voglio dire, perché proprio ora dovrei incontrarla in un dibattito? Sono avanti nei sondaggi, e tutti la conoscono. E tutti conoscono me. ... La vedrò il 4 di settembre o non la vedrò per nulla.

Alexandra Marquez, Yamiche Alcindor, "Trump ditches upcoming ABC debate, agrees to Fox News debate instead", nbcnews.com, 3 agosto 2024

Quando ha incontrato il presidente Biden in un dibattito in uno studio della CNN ad Atlanta, il 28 giugno 2024, Donald Trump non aveva il vantaggio di giocare in casa. Poco dopo il dibattito, in un commento fuori onda su un campo di golf, mentre guidava una cart, ha demolito il presidente Biden definendolo un "vecchio mucchio di stronzate scassato" (cnn.com, "Trump caught on camera...", CNN, senza data).

Per il secondo incontro, Trump ha chiesto di giocare in casa, su Fox News, che ha proposto Bret Baier e Martha MacCallum, riscuotendo l'adesione immediata di Trump.

Il responsabile della campagna di comunicazione del vicepresidente Harris ha analizzato la questione da un nuovo punto di vista, gettando delle ombre sull'ex presidente: "Donald Trump si è spaventato e sta provando a evitare un dibattito sul quale si è già detto d'accordo, facendosi tirare fuori da guai da Fox News. Deve smetterla di fare giochetti e presentarsi al dibattito per cui si era già impegnato, il 10 settembre".

UNA CAMPAGNA IN DIVENIRE

Dobbiamo lavorare duro per definirla. Non voglio neanche definirla, voglio solo dire chi è. È un film dell'orrore. Distruggerà il nostro Paese.

Eric Bradner, Alayna Treene, Kristen Holmes, "How two-topsy-turvy weeks upended Trump's 2004 campaign", CNN, 4 agosto 2024

L'inaspettata nomina del vicepresidente Kamala Harris a candidato del Partito Democratico ha scosso il Partito Repubblicano, perché gli strateghi avevano avvisato Donald Trump di alcuni possibili scenari – compreso quello della Harris come candidato – che lui aveva screditato e ignorato. Aveva invece concentrato l'attenzione sugli attacchi a "Joe il sonnolento" Biden ogni volta che era possibile. Donald Trump ha dovuto ricalibrare la sua strategia all'improvviso perché il gioco era cambiato.

La CNN ha concluso: "Ora, la corsa 2024 è in divenire. Harris ha eroso i margini di Trump nei sondaggi e superato Biden nei finanziamenti. Le speranze dell'ex presidente di ridurre il vantaggio dei democratici tra i votanti neri e latini sono in discussione. E la reazione dei votanti agli attacchi di Trump che ricordano quelli del 2016 è incerta".

Molto probabilmente sarà una corsa all'ultimo voto, in cui i sondaggi risulteranno inutili.

VETERANI MILITARI: TRUMP *VS* BIDEN

Trump: "I nostri veterani sono in mezzo alla strada, stanno morendo, perché lui non si cura dei nostri veterani. Non gliene importa. Non gli piacciono per niente i militari. E non gli importa dei nostri veterani. ... Prima di tutto, i nostri veterani e i nostri soldati non possono sopportare questo tipo. Non lo sopportano. Pensano che sia il peggior comandante in capo, se così volete chiamarlo, che abbiano mai avuto. Non lo sopportano. Diciamolo ben chiaro".

Biden: "Ogni sua singola affermazione è una bugia, ognuna. Per esempio, i veterani se la passano molto meglio da quando ho emanato il PACT Act. Ora un milione di loro ha un'assicurazione sanitaria, e anche le loro famiglie ce l'hanno. Qualunque cosa sia avvenuta – che si tratti dell'agente arancio o delle fosse di combustione – ora sono coperti. E ... il suo gruppo si è opposto alla legge. Siamo anche in una situazione in cui abbiamo grande rispetto per i veterani. Mio figlio ha trascorso un anno in Iraq vivendo vicino a una di quelle fosse di combustione. È tornato a casa con un glioblastoma al quarto stadio".

Staff CNN, "READ: Biden-Trump debate transcript",
CNN Politics, 28 giugno 2024

Agli inizi Trump ha goduto dell'appoggio dei militari USA, ma non è durata a lungo, specialmente dopo l'articolo pubblicato su *Atlantic* da Jeffrey Goldberg (3 settembre 2020), che ha riportato la sua definizione dei morti americani in guerra come "perdenti" e "creduloni", cosa che in seguito ha decisamente smentito[49].

John Kelly, generale dei Marines a riposo ed ex Capo dello staff della Casa Bianca sotto Trump, non ha peli sulla lingua per quanto riguarda il suo ex comandante in capo. Kelly, che sa come vincere una guerra di parole, ha rilasciato una dichiarazione alla CNN: "Che cosa posso aggiungere che non sia già stato detto?" afferma quando gli chiedono se vuole dire la sua sul suo ex capo alla luce di quanto già detto da altri ex collaboratori di Trump. "Una persona che pensa che coloro che difendono il loro Paese in uniforme, vengono uccisi o seriamente feriti in combattimento, oppure passano anni a essere torturati come prigionieri di guerra, sono tutti 'creduloni' perché 'non ne traggono alcun vantaggio'. Una persona che non vuole essere vista in presenza di militari amputati perché 'non mi fa fare bella figura'. Una persona che mostra aperto disprezzo per una famiglia che esibisce una Gold Star* – per tutte le famiglie che lo fanno – alla TV durante la campagna del 2016 e sproloquia che i nostri eroi più preziosi che hanno dato la loro vita in difesa dell'Americano sono 'perdenti' e che non visiterà le loro tombe in Francia. Una persona che non è sincera sulla sua posizione sulla protezione delle vite non ancora nate, sulle donne, sulle minoranze, sui cristiani evangelici, sugli ebrei, sulle donne e gli uomini che lavorano" continua Kelly. "Una persona che non ha idea di quello che l'America difende né di che cosa si parla quando si parla di America. Una persona che suggerisce con noncuranza che un combattente disinteressato che ha servito il suo Paese per quarant'anni in guerra e in pace debba perdere la sua vita per tradimento, aspettando che qualcuno faccia qualcosa. Una persona che ammira autocrati e dittatori omicidi. Una persona che non mostra altro che disprezzo per le nostre istituzioni democratiche, la nostra Costituzione e le regole della legge. Non c'è altro da aggiungere" conclude Kelly. "Che dio ci aiuti."[50]

Un altro generale ha fatto eco ai sentimenti del generale Kelly.

* Le famiglie dei caduti in servizio militare possono esibire una *Gold Star Service Flag*, una bandiera su cui il numero delle stelle indica quanti sono i familiari deceduti (*N.d.t.*).

Come afferma il generale a riposo dell'esercito Paul Eaton, che si è decisamente rifiutato di chiamare Trump per nome: "Sono stato veramente scioccato da quanti miei ex colleghi hanno votato per l'ex presidente e lo hanno sostenuto apertamente: ma quando lui [Trump] si è rivoltato contro i militari, bene, i militari gli si sono rigirati contro"[51].

Intervista email a Gary Burtless, senior fellow della Brookings Institutions, 8 agosto 2023

Intervista a Douglas Holtz-Eakin, presidente dell'American Action Forum, 8 agosto 2023.

Postfazione
Compagni di letto scomodi: l'Europa e Donald Trump

Nata settantacinque anni fa, la NATO (North Atlantic Treaty Organization) rimane un caposaldo contro l'aggressione russa. I trentadue Paesi che fanno parte dell'organizzazione sono d'accordo di essere tutti per uno: l'articolo 5 del trattato stabilisce che attaccare un singolo Paese membro della NATO significa attaccarli tutti, compreso quello più potente, gli USA... a meno che Trump non ritiri la partecipazione del suo Paese.

In un articolo pubblicato da usnews.com, il Segretario generale della NATO Jens Stoltenberg "ha affermato che gli alleati NATO hanno la responsabilità di 'prevenire l'escalation di questa guerra al di fuori dell'Ucraina'". Nello stesso articolo, un esperto di scienze politiche – a sua volta professore e scrittore – ha spiegato che "L'Alleanza non vuole invocare l'articolo 5 perché non vuole una guerra con la Russia. ... La miglior protezione da questa eventualità è il successo ucraino. Questa è la ragione per cui gli Stati Uniti e i suoi alleati stanno tentando di fare tutto il possibile per favorire la vittoria ucraina senza essere direttamente coinvolti nel conflitto"[52].

I Paesi membri della NATO si sono dimostrati un deterrente efficace contro la Russia, in gran parte grazie all'impegno dell'America e alla sua partecipazione all'accordo da lungo tempo. Questo tuttavia potrebbe non essere più il caso: che succederà se Trump abbandonerà la nave?

Come ha riferito CNN al World Economic Forum di Davos del 20 gennaio 2020, Donald Trump ha affermato: "Dovete capire che se l'Europa è sotto attacco, noi non verremo mai ad aiutarvi e a sostenervi. ... A proposito, la NATO è morta, e noi lasceremo, abbandoneremo la NATO. ... E a proposito, mi dovete 400 miliardi di dollari, perché non avete pagato, voi tedeschi, quello che dovevate pagare per la difesa". Nello stesso articolo, un addetto stampa della campagna presidenziale di Biden ha aggiunto: "L'idea che [Trump] abbandonerà la NATO se non ottiene quello che vuole sottolinea quello che già sappiamo su Donald Trump: la sola persona di cui gli importa è se stesso"[53].

I leader europei e i diplomatici hanno tutte le ragioni per temere le idee di Trump: secondo lui gli USA pagano una quota sproporzionata delle spese della NATO. Ha anche parlato di come lui fermerebbe da solo la guerra tra Russia e Ucraina, una soluzione semplice a un problema complesso che ha frustrato gli sforzi dello stesso Putin in una guerra che dura da due anni e che lui stesso ha voluto. Come ha riferito CNN: "Il presidente Vladimir Putin ha affermato che la Russia terminerà la guerra solo se Kiev rinuncerà completamente alle quattro regioni reclamate da Mosca e abbandonerà le sue pretese di unirsi alla

NATO – termini che Kiev ha immediatamente rifiutato definendoli 'totalmente ipocriti' e 'offensivi per il senso comune'"[54].

Dobbiamo chiederci: che garanzie ha l'Europa che la Russia *non* continuerà la sua espansione verso Occidente? I Paesi occidentali sono rimasti indifferenti quando la Russia ha annesso la Crimea il 18 marzo 2014, senza alcun intervento dei poteri occidentali.

L'Occidente ha poi reagito con sorpresa simile – invece di averlo previsto ed essersi preparato – quando Putin ha invaso l'Ucraina a piena forza. L'unica cosa che sta fermando l'aggressione russa verso occidente sono le forze unificate della NATO.

Putin sa che vincere una guerra con l'Ucraina è un obiettivo raggiungibile. Ma è altrettanto chiaro che non vuole essere coinvolto in una guerra prolungata contro la NATO, specialmente nel caso in cui l'esercito USA vi prendesse parte. Ma che succederebbe se gli USA non entrassero nel quadro e l'Europa fosse lasciata sola a combattere per se stessa?

Sebbene la Cina abbia reso chiaro che non intende essere coinvolta nella guerra tra Russia e Ucraina, la Corea del Nord non ha di queste remore: ha spedito milioni di proiettili di artiglieria da 155 mm, molto desiderati, in Russia. "Shin Wonsik ha affermato in un'intervista con *Bloomberg News* che Seul ha individuato almeno 10.000 container inviati dalla Corea del Nord alla Russia, che potrebbero contenere 4,9 milioni di proiettili di artiglieria del tipo che Putin ha utilizzato per colpire l'Ucraina."[55]

Oltre ai campi di battaglia, è necessario affrontare anche la guerra commerciale di Trump tra USA ed Europa che incombe all'orizzonte, se vincerà la corsa presidenziale. Ha annunciato una tariffa doganale del 10% sui beni importati dall'Europa. Tutto questo spiega perché Dominique Moisi, un analista francese, ha bastonato Trump, che definisce "Il Mussolini della reality TV americana. Non è solo un populista, un politico isolazionista; è una caricatura di queste posizioni ... Con la candidatura di Trump la realtà è diventata più incredibile della finzione. Nessuno sceneggiatore di Hollywood avrebbe osato inventare un candidato presidente – tantomeno un presidente vero – così ridicolo come Trump"[56].

Molti leader, diplomatici e think tank europei condividono l'opinione di Moisi. "Eleggendolo alla presidenza" scrive ancora Moisi "gli elettori americani otterrebbero quello che né l'Unione Sovietica durante la Guerra fredda né i fondamentalisti islamici oggi sono riusciti a ottenere: minare – e potenzialmente distruggere – il sistema democratico della più grande potenza mondiale"[57].

IL VICEPRESIDENTE KAMALA HARRIS

Le elezioni USA del 2024 entreranno nei libri di storia. Abbiamo assistito a un tentativo di assassinio dell'ex presidente Donald Trump a cui è scampato per un pelo, al punto che ha ringraziato Dio per quello che ha creduto essere un miracolo, un intervento divino: il proiettile ha sfiorato il suo orecchio, mancandolo a causa di un improvviso movimento della testa.

Nello stesso tempo, l'età di Biden, la sua salute e le sue capacità cognitive sono salite alla ribalta il 27 luglio 2024, quando ha affrontato Donald Trump nel primo dibattito presidenziale, che ha avuto come risultato il suo abbandono della corsa presidenziale. Sottovalutando quello che appariva ovvio, Biden l'ha definita una "brutta serata". Sfortunatamente è stata molto di più: un disastro senza rimedio che ha sollevato dubbi importanti sulla sua capacità di andare avanti, mentre i leader del mondo osservavano ansiosi: il presidente uscente è fisicamente e psicologicamente adatto a sostenere i rigori dei prossimi quattro anni di mandato? Oppure dovrebbe fare un passo indietro e lasciare che il suo vicepresidente lo sostituisca nella corsa per il posto di leader più potente del mondo?

Sebbene Biden abbia ripetutamente affermato "Non vado da nessuna parte", ha subito una pressione crescente, che proveniva anche dal suo stesso partito e che gli ha forzato la mano. Coraggioso fino all'ultimo, infine Biden si è dichiarato sconfitto: lo scontento crescente, soprattutto nel suo partito, non poteva essere ignorato. Si è fatto da parte in modo elegante e i Democratici hanno dovuto raccogliere la palla e correre, mentre Donald Trump continuava ad attaccarlo e a insultarlo.

Il tempo non aspetta nessun uomo... o donna.

Il 5 novembre 2024 gli Stati Uniti d'America sceglieranno un nuovo presidente, mentre il mondo tratterrà il respiro. Possiamo solo sperare che gli americani, come il cavaliere del Graal di *Indiana Jones e l'ultima crociata*, sceglieranno... saggiamente.

Ecco la morale: qualsiasi politico che
non voglia affrontare il futuro che ci sta
di fronte sta mettendo a rischio il sogno
americano. Il sogno che ha reso questo
il miglior paese della storia. È il sogno che
mio padre e mia madre hanno sognato,
quello che hanno reso vero per la nostra
famiglia. Quello che mi ha portato al top.

Donald Trump, *The America We Deserve*, 2000

Eventi fondamentali

Questa è una breve cronologia che dà il senso dei punti fondamentali nella vita professionale e personale di Donald J. Trump. Le informazioni sulla Trump Organization sono volutamente ridotte, dato che essa non è l'oggetto di questo libro, perché la holding comprende proprietà immobiliari in tutto il mondo, hotel, campi da golf, aziende di intrattenimento e media televisivi, pubblicazioni e merchandising. Il lettore interessato potrà trovare i dettagli sul sito www.trump.com.

1946

Donald John Trump nasce il 14 giugno nel Queens, New York, da Frederick C. Trump, costruttore, e Mary MacLeod. I suoi fratelli sono: Maryanne Trump Barry (giudice di corte d'appello federale, Distretto del New Jersey); Fred Trump Jr. (pilota civile, deceduto nel 1981); Robert Trump (executive vice president della Trump Organization); Elizabeth Trump Grau (assistente amministrativa nel settore bancario).

1950-1959

Frequenta la scuola mista Kew-Forest School, un istituto di Forest Hills, New York. Per sua stessa ammissione, era un bambino irritabile. "Persino alle elementari ero un bambino molto assertivo, aggressivo" (*Trump: The Art of the Deal*). Secondo il *Washington Post* (17 luglio 2015), il padre di Trump "era nel consiglio della scuola. I problemi di comportamento hanno fatto sì che Donald abbandonasse la scuola, e a tredici anni fu mandato alla New York Military Academy dai genitori, che – secondo Biography.com – speravano che 'la disciplina della scuola incanalasse la sua energia in senso positivo'".

1959-1964

Frequenta la New York Military Academy perché "mio padre decise di mandarmi a una scuola militare, presumendo che un po' di educazione di questo tipo mi facesse bene. Non ero entusiasta all'idea, ma alla fine saltò fuori che aveva ragione. Ci rimasi fino al diploma, e lungo la strada imparai molto sulla disciplina, e su come incanalare la mia aggressività in modo utile. Nell'ultimo anno di corso fui nominato capitano dei cadetti" (*Trump: The Art of the Deal*).
Nel 1964 si diploma alla New York Military Academy, mettendosi in evidenza come atleta e leader degli studenti.

1964-1966

Frequenta la Fordham University e poi si trasferisce alla Wharton School of Finance della University of Pennsylvania. Mentre è all'università entra nel business di famiglia,

Trump Management Co., che si concentra nei quartieri che circondano Manhattan.

1968

Si laurea in economia alla Wharton School of Finance della University of Pennsylvania. "A quel tempo" scrive in *Trump: The Art of the Deal* "se volevi fare carriera nel business dovevi andare alla Wharton. La Harvard Business School poteva produrre un sacco di CEO – gente che dirigeva società quotate – ma pareva che tutti i veri imprenditori andassero alla Wharton... Probabilmente la cosa più importante che ho imparato alla Wharton è stato non farmi impressionare troppo dai titoli accademici... Secondo me quella laurea non significa molto, ma un sacco di gente con cui faccio business la prende molto sul serio, ed è considerata molto prestigiosa."
(Tre dei figli di Trump – Donald Jr., Eric e Ivanka – sono entrati nel business di famiglia. *Business Insider*, citando Jack Dickey [Time.com, 16 agosto 2015] nota che la Trump Organization "riferisce di avere 22.000 dipendenti, con nove hotel di lusso, 17 campi da golf e 18 proprietà residenziali di lusso in tutto il mondo... Don Jr. gestisce il portafoglio delle proprietà esistenti, Ivanka supervisiona gli hotel di famiglia ed Eric si occupa dei "beni del golf" della famiglia.)

1971

Si trasferisce in un appartamento a Manhattan, tra la 75a strada e la Third Avenue. "Probabilmente per me spostarmi in quell'appartamento è stato più eccitante di trasferirmi, quindici anni dopo, agli ultimi tre piani della Trump Tower. Ero un ragazzo del Queens che lavorava a Brooklyn, e improvvisamente avevo un appartamento sull'Upper East Side" (*Trump: The Art of the Deal*). Inizia la sua carriera di costruttore.

1972

Conclude il suo primo affare importante: la vendita dello Swifton Village a Cincinnati, Ohio, per 6,75 milioni di dollari.

1974

Compra una proprietà sul fiume Hudson nota come West Side Yards. Sugli oltre 30 ettari della superficie, costruisce un complesso chiamato Television City, in seguito rinominato Trump City. Secondo Observer.com (Eliot Brown, 5 agosto 2008) "Mr. Trump ha venduto gran parte della proprietà a metà degli anni Novanta a un gruppo di investitori di Hong Kong... A metà del 2005, Extell e il Carlyle Group hanno comprato la restante proprietà per 1,76 miliardi di dollari, sebbene in seguito Mr. Trump abbia intentato una causa sostenendo che i suoi investitori di Hong Kong avrebbero potuto ottenere un prezzo più alto".
Diventa presidente del business di famiglia, Trump Management Co., a cui in seguito, nel 1980, cambia nome in Trump Organization.

1976

Crea una partnership con Hyatt Corporation per acquistare il Commodore Hotel, un edificio storico di New York, e trasformarlo nell'hotel Grand Hyatt. Il 7 ottobre

1996, Hyatt acquista le quote di Trump per 142 milioni di dollari.

1977

Sposa Ivana Marie Zelníckovà, una modella. Il 31 dicembre i Trump hanno il primo dei loro tre figli: Donald Trump Jr.

1979

Dopo aver comprato i "diritti aerei" [sono i diritti di costruire su una proprietà esistente, *N.d.r.*] da Tiffany, compra il grande magazzino di undici piani, Bonwit Teller, sulla Fifth Avenue, tra la 56a e la 57a. Lo ricostruisce come un edificio a uso misto, di 68 piani, che ospita negozi, uffici e condomini residenziali. Gli ultimi tre piani costitui-scono la sua residenza personale, per una superficie di 2800 metri quadri. L'edificio viene chiamato Trump Tower, e ospita la Trump Organization.

1980

Rileva il progetto per la costruzione della pista per pattinaggio sul ghiaccio Wollman, in Central Park, dopo che la città di New York ha tentato di costruirlo, spendendo 12 milioni di dollari in sei anni, e ha fallito. Il Trump Skating Rink è gestito dalla Trump Organization ed è aperto al pattinaggio da ottobre ad aprile.
Apre il Grand Hyatt New York dopo un'ampia ristrutturazione.

1981

Il 30 ottobre nasce Ivanka, la seconda figlia. In seguito, insieme a suo fratello, darà vita alla Trump Hotel Collection. Creerà anche una sua personale linea di abbigliamento e accessori presente nei grandi magazzini di alta gamma. Attualmente lavora come executive vice president per le acquisizioni e lo sviluppo del business di famiglia ed è autrice di *The Trump Card: Playing to Win in Work and Life* (Touchstone, 2009).

1982

Compra Harrah's, un noto casino di Atlantic City, e lo rinomina Trump Plaza.

1983

Apre la Trump Tower a Manhattan e diventa una delle attrazioni turistiche più importanti della città.
Trump diventa proprietario di una squadra di football americano, i New Jersey Generals, che giocano nella United States Football League. La League chiude dopo solo tre stagioni.

1984

Nasce Eric, il terzo figlio. Come i suoi fratelli maggiori, è destinato a entrare nel business di famiglia; si occupa di acquisizioni e sviluppo, e si sta specializzando in costruzioni. Possiede la Trump Winery, un'azienda vinicola di più di 500 ettari vicino a Charlottesville, in Virginia, che ha aperto nel 2011.

1985

Compra Mar-a-Lago, una lussuosa proprietà a Palm Beach, Florida (ora è diventata un lussuoso club privato chiamato Mar-a-Lago Club).
Compra un edificio di appartamenti in affitto a prezzo controllato al 106 di Central Park South, New York, e l'adiacente Barbizon Plaza Hotel, che rinnova e a cui dà il nome di Trump Parc. Costruito nel 1930, l'edificio ospita appartamenti in vendita.

1987

Esce il suo primo bestseller, *Trump: The Art of the Deal*, pubblicato da Random House.

1988

Compra il Plaza Hotel, tra la 59a strada e la Fifth Avenue di New York: 210 milioni di dollari per la proprietà immobiliare e 180 milioni per il contenuto, per un totale di 390 milioni di dollari.
Vende l'hotel nel 1995 per 325 milioni di dollari; in seguito sarà rivenduto nel 2004 per 675 milioni.

1989

Compra la Eastern Air Lines per 365 milioni di dollari per dare vita alla Trump Shuttle, che vola tra New York e Boston su base oraria. La vende nel 1992 a US Airways, che chiude il servizio il 17 ottobre 2015. Ora fa parte di American Airlines.

Il pilota, il copilota e tre alti dirigenti che lavorano per Trump nei suoi casinò muoiono nella caduta di un elicottero mentre ritornano da Kansas City.
Inizia la costruzione del Trump Taj Mahal, un grande casinò, al 1000 di Boardwalk, Atlantic City, New Jersey.

1990

Il mercato immobiliare crolla, e la situazione si riflette in modo drammatico sulla Trump Organization. Grazie alla sua determinazione e al coraggio, Trump riesce a riprendersi.
Apre il suo terzo casinò ad Atlantic City, il Trump Taj Mahal; Michael Jackson si esibisce alla cerimonia di inaugurazione. Trump definisce l'edificio "l'ottava meraviglia del mondo".
Vende la *Trump Princess*, il suo yacht, per 110 milioni di dollari, dopo averlo comprato nel 1987 dal Sultano del Brunei.

1992

Trump e la moglie Ivana definiscono il loro divorzio, molto burrascoso e pubblicizzato sui media, mettendo fine a un matrimonio durato quindici anni. Gli interessi economici di Trump sono protetti dall'accordo prematrimoniale (in seguito Ivana svilupperà una propria linea di abbigliamento, gioielli e prodotti di moda, venduti sui canali della TV via cavo, e scriverà diversi libri).

1993

Sposa la sua seconda moglie, Marla Maples, da cui avrà Tiffany Ariana Trump, nata il 13 ottobre (*People Magazine*, il 7 agosto 2015, spiega che Tiffany studia alla University of Pennsylvania, l'*alma mater* di suo padre. Ha tenuto un profilo basso, ma è apparsa nel primo dibattito repubblicano in segno di solidarietà con il genitore).

1994

Diventa comproprietario di un punto cardinale della geografia di New York: l'Empire State Building (l'8 luglio 2004, l'Associated Press spiega: "L'accordo non è costato un centesimo a Trump, secondo quanto afferma l'immobiliarista. In cambio del suo aiuto a reperire i finanziamenti per NS America, il gruppo che ha acquistato l'edificio per 45 milioni di dollari a ottobre, ha ricevuto il 50 per cento della proprietà").
Trump e i suoi partner giapponesi hanno rivenduto l'Empire State Building al suo affittuario di lungo termine per 57,5 milioni di dollari.

1996

Acquista la proprietà di Miss Universe Organization, nota per i concorsi di bellezza Miss Universe, Miss USA e Miss Teen Usa. Paga 10 milioni di dollari.

1999

Divorzia da Marla Maples.
La Maples, sul *New York Times* del 14 novembre 2012, racconta alla giornalista Judith Newman: "Sa, vedevo una luce veramente positiva in Donald. Si poteva vedere la bontà, e avevamo una connessione. È semplicemente

successo che ha fatto i soldi. E il denaro e il potere si sono messi in mezzo nel nostro amore, per essere onesti. Se non altro, l'hanno distrutto".

L'opinione di Trump è piuttosto diversa. Come ha spiegato in *Trump: The Art of the Comeback* (1997): "Il fatto è che il tempo scorre e le persone cambiano. Può essere che quando ti sposi tu sia profondamente innamorato, ma dopo un certo numero di anni non ti importa più di trascorrere la tua vita con quella persona".

Il padre Fred muore.

Forma un comitato di esplorazione per preparare una possibile corsa per la presidenza degli USA nel 2000 (7 ottobre). Rendendosi conto che non avrebbe mai potuto vincere come indipendente, si dichiara repubblicano.

Dà vita alla Trump Model Management, che gestisce modelle molto famose.

Sebbene sia registrato come votante per il partito repubblicano, si unisce all'Independence Party di New York (la versione locale del Reform Party). Prende in considerazione l'idea di candidarsi alle elezioni presidenziali, ma pensa che un candidato del Reform Party non riuscirebbe mai a vincere e decide di non farlo. "Capisco questa cosa. Capisco i tempi buoni e quelli cattivi. Voglio dire, perché un politico dovrebbe fare un lavoro migliore di me?" (CNN.com/ALLPOLITICS, 25 ottobre 1999).

2001

Si registra come elettore repubblicano (secondo TheSmokingGun.com, 6 agosto 2015, la storia delle registrazioni di voto di Trump è mutevole: luglio 1979, repubblicano; ottobre 1999, Independence Party; agosto 2001, democra-

tico; dicembre 2011 "non voglio iscrivermi a un partito" e, nell'aprile 2012, repubblicano).
Termina la costruzione di un condominio, il Trump World Tower (845 United Nations Plaza, New York) al costo di 325 milioni di dollari.

2004

Insieme alla NBC, in qualità di conduttore e produttore esecutivo, dà vita a *The Apprentice*. In seguito, insieme a Mark Burnett, coprodurrà *The Celebrity Apprentice* (i due show sono andati avanti per quattordici stagioni).
Riflette ancora una volta sull'opportunità di candidarsi per la presidenza, questa volta con il partito repubblicano, ma alla fine decide di no.
The Apprentice riceve una nomination per il Primetime Emmy Award, ma alla fine non vince (nominato ancora nel 2005, 2006 e 2009; non vincerà).

2005

Sposa la sua terza moglie, Melania Knauss, nella chiesa episcopale di Bethesda-by-the-Sea di Palm Beach, Florida; farà seguito un ricevimento nel suo Mar-a-Lago Club. Si stima che il matrimonio sia costato 1 milione di dollari (22 gennaio).
Lancia la Trump University (il nome viene cambiato in Trump Entrepreneur Initiative nel 2010). Un servizio della CNN (Jeanne Sahadi e Karen McGowan, 24 luglio 2015) riferisce che la scuola promette "di insegnare agli studenti le tecniche di investimento dei grandi per diventare ricchi con la proprietà immobiliare". Attualmente Trump sta combattendo in due cause legali, intentate da ex studenti

e dall'avvocatura generale dello stato di New York. In una delle cause, di uno studente che ha speso 36.000 dollari, si legge "la Trump University ha mancato alle sue promesse di fornire un'educazione di prima qualità".
Insieme a un consorzio di investitori di Hong Kong, vende "un tratto di terra lungo il fiume e tre edifici sulla Upper West Side per circa 1,8 miliardi di dollari, in quella che è la più grande compravendita residenziale nella storia della città e l'ultimo esempio in ordine di tempo di un mercato immobiliare alle stelle" ("Trump Group Selling West Side Parcel for $1.8 Billion", 1° giugno 2005).

2006

Si scontra con Rosie O'Donnell, allora coconduttrice della trasmissione televisiva *The View*, la quale ha affermato che Trump non era "un self-made man" ma, al contrario "un venditore di olio di serpente tipo *La piccola casa nella prateria*" e poi ha insultato la sua vita matrimoniale. Trump, che combatte il fuoco con il fuoco, replica dichiarando alla rivista *People*: "Non si possono fare affermazioni false. Rosie rimpiangerà quello che ha detto [che aveva dichiarato fallimento personale, mentre in realtà si trattava di fallimenti aziendali]. È probabile che la citerò per queste affermazioni false, e sarà divertente. Rosie è una perdente. Una vera perdente. Non vedo l'ora di prendere un po' di denaro alla cara cicciottella Rosie".
Melania Knauss dà alla luce il quinto figlio di Trump, Barron William, il 20 marzo.
Compra alcune proprietà in Scozia, con l'intenzione di realizzare un resort per il golf. Il campo, costato 150 milioni di dollari, aprirà sette anni dopo vicino ad Aberdeen.

2007

Riceve una stella sull'Hollywood Walk of Fame per *The Apprentice*.

2009

Fa richiesta per la sua quarta bancarotta aziendale, a causa dell'eccessivo indebitamento dei casinò e degli hotel ad Atlantic City.

2010-2012

Si trastulla con l'idea di poter correre per la presidenza, sollevando la questione della nascita di Barack Obama, che ottiene parecchia attenzione dai media. Decide di non correre ancora, per il momento.

2015

Annuncia formalmente la sua candidatura per le elezioni presidenziali del 2016 alla Trump Tower (16 giugno). "Sto ufficialmente correndo come presidente degli Stati Uniti".

2016

Luglio: il giudice della Corte Suprema Ruth Bader Ginsburg afferma: "Non riesco a immaginare come sarebbe il Paese con Donald Trump come presidente. Per la nazione sarebbero quattro anni. Per la Corte potrebbe essere... non voglio neanche pensarci".

19 luglio: alla convention repubblicana di Cleveland, Ohio, Donald Trump accetta la nomina del partito a candidato presidenziale.
8 novembre: Donald Trump sconfigge Hillary Clinton, diventando il presidente eletto. Perde in base al conteggio assoluto dei voti (46,2%) ma raggiunge la maggioranza dei collegi elettorali (57,2%).

2017

In veste di 45° presidente degli Stati Uniti d'America, Donald Trump pronuncia il suo discorso di insediamento, giurando che "da questo giorno in avanti sarà sempre prima l'America".
Nel suo primo giorno in carica, ritira gli Stati Uniti dal Partenariato Trans-Pacifico (TPP, Trans-Pacific Partnership).
Emana l'Ordine esecutivo 13767 per la "Pianificazione, progettazione e costruzione di un muro fisico lungo la frontiera meridionale [degli USA]". Il provvedimento è seguito dall'Ordine esecutivo 13769, noto come "Muslim ban", con il quale limita l'ingresso a chi proviene dai paesi a maggioranza islamica.
Licenzia il Direttore dell'FBI James Comey prima della scadenza del suo incarico decennale.

2018

Michael Cohen, avvocato personale di Donald Trump, ammette di aver pagato Stormy Daniel per comprarne il silenzio su una presunta relazione con Donald Trump.
Cohen si dichiara colpevole riguardo alle accuse di violazioni sulle norme di finanziamento della campagna elettorale e di evasione fiscale; sconta una condanna al carcere

di tre anni. (Nel 2020 *Disloyal: the true story of the former personal attorney to President Donald J. Trump.*)
A causa delle divergenze politiche con Donald Trump, il generale James Mattis (del corpo dei Marine) si dimette; viene sostituito dal vice Segretario per la difesa Patrick M. Shanahan.

2019

Viene fondata la sesta forza armata dell'esercito degli Stati Uniti, U.S. Space Command (USSPACECOM), responsabile per lo spazio oltre i 100 km di quota.

2020

Gennaio: i CDC (Center for Disease Control) confermano la presenza del Covid-19 negli USA. Quattro anni dopo, il virus ha reclamato le vite di 1.219.489 nei soli Stati Uniti (worldmeters.info) e continua a diffondersi a causa delle sue varianti.
Marzo: L'Organizzazione Mondiale della Sanità (OMS) qualifica il Covid-19 come pandemia; a causa delle preoccupazioni sanitarie, Donald Trump sospende i viaggi internazionali dall'Europa agli Usa per trenta giorni.
Aprile: durante un aggiornamento alla stampa della Task Force contro il Covid-19, i commenti bizzarri di Donald Trump lasciano perplesso un giornalista, che definisce una delle sue affermazioni una "diceria". In risposta, Trump attacca il reporter affermando: "Ehi Phil. Io sono il presidente, e tu sei una fake news. ... È un vero impostore".
Donald Trump è prosciolto dalla procedura di impeachment dopo che il Sentato a maggioranza repubbli-

cana non riesce a raggiungere la maggioranza di due terzi necessaria a metterlo in stato di accusa.
Donald Trump annuncia il ritiro dall'OMS, sul presupposto che gli Stati Uniti pagano un prezzo sproporzionato, rispetto agli altri Paesi, per sostenerlo.
Settembre: appena prima della sua morte, il giudice Ginsburg detta alla nipote: "Il mio desiderio più ardente è di non essere sostituita fino a che un nuovo presidente non enterà in carica". Il suo desiderio non sarà esaudito: Amy Coney Barrett prenderà il suo posto.
Ottobre: Donald Trump risulta positivo al Covid-19 e viene curato al Walter Reed Hospital [centro medico dell'esercito americano, *N.d.r.*]. Secondo il database del *New York Times*, in quel momento i morti negli Stati Uniti ammontano a 200.000 unità.
Novembre: il giorno dopo aver perso le elezioni, Donald Trump lancia l'accusa di brogli elettorali. Inizia un'intensa attività per rovesciare il risultato delle elezioni, un vero e proprio attacco ai mulini a vento. Due mesi dopo il presidente eletto Joe Biden diventa il 46° presidente degli Stati Uniti.
Donald Trump perde nei collegi elettorali – 232 voti contro i 306 di Biden – e anche nel giudizio popolare per sette milioni di voti.
Dicembre: Donald Trump rifiuta decisamente di ammettere la realtà della sua sconfitta, nonostante l'evidenza. Dichiara profeticamente su Twitter: "Statisticamente impossibile aver perso le elezioni del 2020. Grande protesta a D.C. [Washington, *N.d.r.*] il 6 gennaio. Venite, sarà pazzesco". Secondo il *Washington Post*, al luglio 2024 le bugie di Trump sono costate ai contribuenti 519 milioni di dollari per "miglioramento della sicurezza, parcelle legali, riparazione delle proprietà e altro".

2021

6 gennaio: migliaia di sostenitori di Donald Trump prendono d'assalto il Campidoglio in un tentativo inutile di fermare la ratifica dei risultati elettorali, presieduta dal vicepresidente Mike Pence. Radunati intorno al grido di guerra "Fermiamo il furto!", i suoi sostenitori armati si danno alla follia mentre i legislatori si nascondono temendo per la loro vita; gli agenti di polizia in servizio al Campidoglio, presi di sorpresa, sono sopraffatti da oltre 2500 persone secondo le stime dell'FBI.
20 gennaio: il presidente Joe Biden pronuncia il suo discorso di inaugurazione: uno sgarbato Donald Trump decide di non presenziare: è il primo presidente a farlo dal 1869.

2022

Novembre: Donald Trump annuncia la sua candidatura e si propone per la nomination repubblicana alle elezioni del 2024.

2023

Coinvolto in numerosi processi che gli portano via parecchio tempo nei tribunali, i dilemmi legali di Donald Trump diventano sempre più gravi mentre si districa in una campagna elettorale frenetica.

2024

Maggio: in un'aula giudiziaria di Manhattan, Donald Trump è dichiarato colpevole di 34 capi d'accusa, il che fa di lui il primo presidente USA criminale condannato. L'accusa: falsificazione delle registrazioni contabili quando Michael Cohen ha pagato a Stormy Daniel 130.000 dollari per comprarne il silenzio prima del giorno delle elezioni.
Giugno: il primo dibattito presidenziale, ospitato dalla CNN, scuote il mondo per la scarsa performance di Biden. Ammettendo in seguito con i media di aver avuto una "brutta serata", Joe Biden – ostacolato da un raffreddore, da un'agenda troppo fitta prima dell'evento e da problemi di sonno – sorprende il mondo con una prestazione fiacca nel dibattito, causando preoccupazione nel suo partito. Nel frattempo, Donald Trump si prende il suo tempo, contento di non essere al centro dell'attenzione giornaliera dei media per i suoi problemi legali, che sono pane per tutti i mezzi di comunicazione.
1° luglio: con una decisione a maggioranza (6 contro 3) la Suprema corte degli Stati Uniti decreta che Donald Trump gode dell'immunità per gli atti ufficiali compiuti mentre era in carica; la Corte affida ai tribunali il compito di interpretare la locuzione "atti ufficiali" per qualsiasi altro processo. Un Donald Trump esultante definisce questa pronuncia "una grande vittoria per la nostra Costituzione e la democrazia".
9 luglio: Biden ospita un summit NATO a Washington, con tutti gli occhi puntati su di lui. Non parla a braccio; utilizza un teleprompter e non accetta domande dai media dopo il discorso di dieci minuti. Alexander Ward e Myah Ward di politico.com scrivono che ha pronunciato un "discorso vigoroso" e che "non ha pasticciato con le parole come spesso accade durante i commenti. È stato chiaro, dando l'impressione di essere rinvigorito dal

transatlantismo abbracciato durante tutta la sua carriera politica".
13 luglio: durante un comizio elettorale a Butler, Pennsylvania, Donald Trump sopravvive miracolosamente a un tentativo di assassinio. L'attentatore ventunenne viene ucciso dai cecchini dei Servizi segreti appostati su un tetto.
15 luglio: Donald Trump sceglie come vicepresidente il senatore dell'Ohio J.D. Vance.
15-18 luglio: La convention repubblicana termina con la nomina ufficiale di Trump e Vance a candidati del partito. Donald Trump pronuncia un discorso di 93 minuti, il più lungo della storia degli Stati Uniti.
21 luglio: Il presidente Joe Biden si ritira dalla corsa presidenziale e sostiene la candidatura del suo vicepresidente Kamala Harris, aumentandone le possibilità di successo.
23 luglio: sotto pressione da parte di tutte le forze politiche, il direttore dei Servizi segreti Kimberly Cheatle rassegna le sue dimissioni, affermando di assumersi "piena responsabilità per le falle nella sicurezza".
6 agosto: Kamala Harris sceglie come vicepresidente il governatore del Minnesota Tim Walz.
5 novembre: giorno delle elezioni.

Libri di Donald Trump

Nota: questo elenco, in ordine di pubblicazione, comprende i libri di Donald Trump più un libro pubblicato da sua figlia Ivanka.

Trump: The Art of the Deal, con Tony Schwartz, Random House, 1987; tr. it *L'arte di fare affari*, Sperling & Kupfer, 1989.
Il suo primo bestseller, che ha citato espressamente alla Trump Tower quando ha annunciato la sua candidatura. Il libro inizia con un capitolo intitolato "Una settimana della vita", uno sguardo dietro le quinte su che cosa succede alla Trump Tower (il suo ufficio al ventiseiesimo piano, la sua residenza personale agli ultimi tre piani).
Tra il capitolo iniziale "Una settimana della vita" e quello finale "La settimana passata: come sono finiti i negoziati?" il succo del libro tratta dell'occupazione – e della preoccupazione – principale di Trump: "Mi piace fare affari, preferibilmente grandi. Ecco come mi diverto".
Il volume fornisce una serie di informazioni biografiche per definire il contesto, ma il suo argomento principale, come dice chiaramente il titolo, è come fare affari. Ogni

grande proprietà ha il proprio capitolo, in cui si spiega come Trump ha proceduto dall'acquisto iniziale in avanti.
Si tratta di una lettura *inspirational* per coloro che si interessano di business, che chiude il cerchio quando Trump scrive: "Nella mia vita ho scoperto di saper fare bene due cose: superare gli ostacoli e motivare le brave persone a fare del loro meglio... Ho intenzione anche di continuare a fare affari, grandi affari, 24 ore al giorno".
In un'introduzione a *Trump: How to Get Rich* (2004) ha scritto che "è diventato il libro più venduto del decennio, con più di 3 milioni di copie".

Trump: Surviving at the Top, con Charles Leerhsen, Random House, 1990.
Giunto dopo il successo del suo primo libro, questo secondo volume doveva soddisfare aspettative molto elevate. Trump sentiva che "questo secondo libro non avrebbe dovuto semplicemente continuare la storia dei miei affari migliori, ma avrebbe dovuto essere un lavoro più personale. Da quando è uscito il mio primo libro ho realizzato alcuni degli affari migliori della mia carriera, ma ho anche affrontato alcuni ostacoli che mi hanno insegnato a non prendere per garantita la vittoria. Ecco perché ho deciso di intitolarlo *Surviving at the Top*".
Nella dedica, Trump riporta una frase del presidente Theodore Roosevelt che viene spesso citata, sul fatto di dare credito a chi è dovuto, a coloro che "si danno da fare per portare a termine i loro compiti" e non ai loro critici. È ovvio come Trump pensa a se stesso, e questo è fondamentale per lui per sopravvivere al vertice.
Negli argomenti e nello svolgimento, questo libro ricorda *Trump: The Art of the Deal*, dato che discute i progetti specifici in capitoli dedicati (perché cambiare una formula vincente?).
Il libro si chiude con un capitolo illuminante "Sulla te-

nacia", che è uno dei tratti principali di Trump. Persino i suoi critici saranno d'accordo, magari in forma anonima e malvolentieri, che il comportamento ferreo di Trump lo ha servito bene nel corso degli anni. In questo capitolo scrive: "Ho la reputazione di essere un uomo tenace, e mi piace pensare che sia giustificata. Bisogna essere tenaci quando un sacco di gente influente afferma che per voi è finita, quando il vostro matrimonio sta andando a pezzi e le pressioni del business aumentano. Alla lunga, la tenacia è il segreto principale della mia sopravvivenza".
Tutti quelli che hanno letto e apprezzato *Trump: The Art of the Deal* non rimarranno delusi da questo volume: è un secondo tuffo nella fonte della saggezza guadagnata a duro prezzo dalla conclusione, e dal fallimento, degli affari alla Trump Organization.

Trump: The Art of the Comeback, con Kate Bohner, Times Book, 1997.
Come Steve Jobs – che ha congegnato uno dei più grandi rientri nel business americano quando è ritornato in Apple – Trump ha attraversato tutte le fasi degli affari. In realtà, il titolo di questo libro è appropriato e giustificato.
Spiega nell'introduzione: "Le banche mi stavano addosso. La Guerra del Golfo aveva avuto un effetto disastroso sul turismo. Nei miei casinò i flussi di denaro si assottigliavano. A quel punto ho saltato un pagamento del mio mutuo per il Castle di Atlantic City. È scoppiato l'inferno. Wall Street è impazzita. I giornali strombazzavano la mia fine. Ero con le spalle al muro. Poi, un giorno verso il Natale del 1990, mi sono detto Donald, è tempo di combattere. Quindi mi sono messo al lavoro. Oggi sono in nero di 3 miliardi di dollari, ho pagato i miei debiti personali e il business va alla grande...".

Il *Guinness World Record* lo cita come il più grande rivolgimento finanziario della storia del business.

The America We Deserve, Renaissance Books, St. Martin's Press, 2000.
Nell'introduzione ("Il lato serio di Trump") chiarisce esattamente l'argomento del libro: la sua crescente insoddisfazione per il sistema politico americano che mantiene lo *status quo* a spese del pubblico. Presagendo la sua campagna elettorale del 2015, questo libro, pubblicato nel 2000, spiega le sue ragioni: "Correrò se mi convincerò di poter vincere. Tuttavia, a questo punto due cose sono chiare: credo che i non politici rappresentino la strada per il futuro e se sarò eletto sarò il genere di presidente di cui l'America ha bisogno nel nuovo millennio".
Dotato di una prescienza vagamente inquietante – la percezione di Trump che i non politici prenderanno il posto dei politici di carriera e che il tempo di questi ultimi sia arrivato – questo libro offre molto su cui pensare e anche delle aperture illuminanti su ciò che Trump pensa del sistema politico americano, che si sta discostando dagli elettori del paese.

The Way to the Top: The Best Business Advice I Ever Received, Random House, 2004.
Si tratta di una raccolta editata di consigli originali sul business che Trump ha sollecitato. La sua tesi: "Semplicemente, non c'è modo di acquisire tutta la saggezza necessaria per far prosperare il proprio business". La sua soluzione: "Quindi ho chiesto ai migliori, agli uomini e alle donne di business di maggior successo che conosco – e a qualcuno che non conosco – qual era il miglior consiglio sul business che avessero mai ricevuto".
Un esempio da Adam M. Aron (presidente e CEO di Vail Resorts, Inc., una società di gestione di complessi turi-

stici di livello mondiale): "Per quanto è possibile, trattate solo con persone brave e corrette. Se trattate con brave persone non avete bisogno di un contratto, e se trattate con persone poco per bene nessun contratto vi proteggerà".

Trump: How to Get Rich, con Meredith McIver, Random House, 2004.
"*How to Get Rich*. Ecco come ho deciso di intitolarlo, perché ogni volta che incontro qualcuno, di solito è questo che vuole sapere da me. Chiedete a un fornaio come fa il pane. Chiedete a un miliardario come fa i soldi... Gli scrittori miliardari sono più difficili da trovare."
Un libro che contiene consigli generali sul business che spiegano l'atteggiamento mentale e i valori di Trump, che lui considera essenziali per diventare non solo ricchi, ma molto, molto ricchi.

Think Like a Billionaire: Everything You Need to Know About Success, Real Estate, and Life, con Meredith McIver, Random House, 2004.
Nell'introduzione, Trump spiega che questo libro dovrebbe essere considerato la seconda parte di *How to Get Rich* (2004). Secondo me questo volume avrebbe dovuto sviluppare meglio il suo tema principale, spiegando come è passato da apprendista nel business di famiglia a milionario e poi miliardario.
In altre parole, invece di discutere i miliardari come gruppo, cosa che fa brevemente nell'introduzione, avrebbe dovuto spiegare più ampiamente il loro atteggiamento mentale, e poi mostrare come traducono il loro pensiero in business che si dimostrano profittevoli, come gestiscono le loro aziende e quindi discutere il suo business sotto forma di casi.
Qual è stato il processo di pensiero che ha condotto Bill

Gates dallo scrivere programmi alla direzione di Microsoft? Oppure ha fatto sì che Mark Zuckerberg passasse dall'occuparsi delle varie "case" di Harvard a un social network che racchiude tutto il mondo? Oppure ha indotto Steve Jobs a vendere il computer fatto a mano di Wozniak e a usare il suo genio per il marketing per promuovere un computer user-friendly?
Nel caso di Trump, qual è stato il piano passo-a-passo che lo ha reso un multimiliardario? Le menti curiose vogliono saperlo.
In questo libro c'è il capitolo obbligatorio "Giorni della settimana" e un altro lungo capitolo intitolato "Dentro *The Apprentice*", il suo reality show televisivo. Entrambi, tuttavia, sarebbero stati meglio in un altro libro, per dare a questo una migliore profondità.
Sebbene in questo volume ci siano molte informazioni, avrebbe dovuto essere intitolato semplicemente *Donald Trump on Success in Life and Business.*

Trump 101: The Way to Success, con Meredith McIver, Wiley, 2006.
Come suggerisce il titolo, si tratta di un libro di saggezza fondamentale in materia di business, appropriato per i principianti che stanno muovendo i primi passi. Nell'introduzione Trump scrive: "È una raccolta delle mie convinzioni sulla vita e sul business, le mie regole e i miei principi fondamentali". Molti dei temi di cui parla nelle interviste possono essere trovati in questo libro: l'importanza della passione; insistere sulla perfezione; alzare l'asticella. Tutti consigli familiari ma testati dal tempo.

Why We Want You to be Rich: Two Men – One Message, di Trump con Meredith McIver e Robert Kiyosaki con Sharon Lechter, Rich Press, 2006; tr. it. *Perché vogliamo*

che tu sia ricco: due uomini un solo messaggio, Gribaudi, 2007.
Quando un milionario incontra un miliardario, nasce questo libro. Stampato in due caratteri diversi, in modo da distinguere facilmente le parole di Trump e quelle di Kiyosaki, la tesi di questo libro è che è l'educazione finanziaria a fare la differenza tra essere ricchi ed essere poveri. Dall'introduzione: "La loro preoccupazione è che i ricchi stanno diventando più ricchi, ma l'America sta diventando povera. Come le calotte polari, la classe media sta scomparendo. L'America sta diventando una società a due classi. Presto sarete o ricchi o poveri. Donald e Robert vogliono che siate ricchi... La maggior parte delle persone che appartengono alla classe media sono investitori passivi, che lavorano e investono per non perdere. I ricchi sono investitori attivi che lavorano e investono per vincere. Questo libro parla di diventare... investitori attivi, espandendo i vostri mezzi per fare una bella vita lavorando e investendo per vincere".
Con test di autoaiuto, numerosi grafici e note a lato, questo libro offre molto su cui riflettere.

Trump: Think Big and Kick Ass in Business and Life, con Bill Zanker, HarperCollins, 2007; tr. it. *Pensa in grande e manda tutti al diavolo nel lavoro e nella vita*, Etas, 2007.
Chi è Bill Zanker, e perché sta collaborando con Trump in un libro? È il tizio che, nel 1980, ha investito da solo 5000 dollari per creare il Learning Annex, una società di formazione per adulti. I corsi non sono accademici, ma pratici e popolari. Per fare un esempio: "Come acquistare immobili pignorati" ma anche "Come fare il proprio sapone".
Nell'introduzione Zanker scrive: "Leggete ogni capitolo, e lasciate che l'atteggiamento di Trump penetri in voi e vi insegni una lezione. Adattate il suo atteggiamento auda-

ce e vincente alla specificità della vostra vita. Usatelo per superare i limiti che vi siete imposti".
La ricetta di Zanker: vaccinatevi contro la paura del fallimento prendendo una salutare dose di Trumpitudine.
Nei suoi libri precedenti, Trump offre delle informazioni specifiche sull'acquisizione delle proprietà; in questo parla in termini generali.
Queste sono buone informazioni succulente e chiunque voglia esplorare l'atteggiamento mentale di Trump nel trattare con gli altri troverà qui un intero pasto.

Trump: Never Give Up: How I Turned My Biggest Challenges Into Success, con Meredith McIver, Wiley, 2008; tr. it. *Non arrenderti mai: come ho trasformato le mie sfide più grandi in successi*, Gribaudi, 2009.
In modo appropriato, il primo capitolo si concentra su un evento accaduto quando due dei più importanti e rispettati giornali di New York – il *Wall Street Journal* e il *New York Times* – si sono interessati a Trump nel marzo del 1991, "analizzando le mie difficoltà e il disastro finanziario che sarebbe potuto accadere in ogni momento... Quello è stato il momento più basso della mia vita. I telefoni del mio ufficio erano silenziosi, il che non era mai accaduto prima".
Dopo un po' di ricerca interiore, Trump ammise di "avere perso la prospettiva" e di "essere diventato troppo soddisfatto di sé. Il mio slancio era mal indirizzato".
La situazione: Trump si era assicurato prestiti per miliardi e aveva "personalmente garantito 975 milioni di dollari di quel debito. Sarei potuto facilmente andare in bancarotta".
Ma Trump non si arrende mai. Si riprese dal disastro finanziario imminente e riuscì ad avere successo quando tutti gli altri prevedevano un fallimento certo. Loro sbagliavano, lui aveva ragione.
A differenza del primo libro *Trump: The Art of the Deal*,

questo volume evidenzia le lezioni imparate, tratte da progetti e situazioni specifici. "A mano a mano che procedevo, capii che ogni progetto arrivava con il suo insieme specifico di sfide importanti, e cominciai a imparare ad aspettarmele. Questo era un bene, perché ero preparato. Questa è un'altra delle ragioni per cui sto scrivendo *Non arrenderti mai*: per farvi sapere che dovreste essere preparati e tentare di aiutarvi nelle situazioni che potreste incontrare." Fondamentalmente, Trump martella sul concetto che se volete avere successo nella vita e nel business dovete imparare a dire no ai "No". Come spiega in *Non arrenderti mai*: "Perché? Perché quando sento la parola 'No' per me diventa una sfida. Io credo che il cosiddetto impossibile sia in realtà molto spesso possibile, se siete disposti a lavorare molto duramente e se capite che i problemi possono diventare opportunità".

Trump-Style Negotiations: Powerful Strategies and Tactics for Mastering Every Deal, di George H. Ross, Wiley, 2008.
Se il nome dell'autore non vi dice nulla, sicuramente lo fa quello del suo datore di lavoro: Donald Trump. Ma ci sono buone probabilità che se siete fan di *The Apprentice* lo abbiate visto in TV: è un avvocato della Trump Organization, e tiene anche corsi sulla negoziazione alla New York University. In altre parole, è un maestro negoziatore e, in quanto tale, ha molto da dire sulla sottile arte dell'accordo.
Un libro pratico imbottito di consigli, offre strategie specifiche sull'ottenere, e conservare, la posizione dominante e possedere una mentalità orientata alla negoziazione efficace ed evidenzia le abilità necessarie coinvolte.

Think Like a Champion: An Informal Education in Business and Life, con Meredith McIver, Vanguard

Press, 2009; tr. it. *I campioni non si arrendono mai: un'educazione informale nel business e nella vita*, Etas, 2009.
Come Trump spiega nell'introduzione, le persone gli chiedono continuamente i suoi "segreti" per il successo, come se una lista, seguita scrupolosamente, potesse garantire fama, fortuna e successo finanziario!
Non è *così* facile, come Trump stesso sottolinea.
In questo libro, Trump spiega i suoi "processi di pensiero che credo possano condurre la gente al successo... È un altro lato della mia personalità; il lato più riflessivo che rivela le mie fonti e come le applico al grande quadro che è la vita". La sua metodologia: "Prendo un argomento, ci penso, lo esamino e lo rimetto insieme in una formula che diventa quello che credo sia un solido consiglio".
Si tratta di una raccolta di saggi informali su argomenti vari che offre consigli di ordine generale su materie personali e di business. Un libro di saggezza generale, di lezioni imparate, di particolare interesse per i lettori che non vogliono conoscere tutte le case history degli affari di Trump divisi per proprietà; al contrario, esamina attributi specifici e filosofie che, presi insieme, condurranno il lettore al successo. Per questo si rivolge ai lettori in senso ampio e non solo alla comunità del business.

The Trump Card: Playing to Win in Work and Life,
di Ivanka Trump, Touchstone, 2009; tr. it. *Trump Card: giocarla e vincere nel lavoro e nella vita*, Etas, 2010.
Dei tre figli avuti dal primo matrimonio, solo una (per ora) ha scritto un libro: Ivanka Trump, che aveva ventisette anni quando ha scritto *The Trump Card*. Nella sua introduzione "Fatevene una ragione" spiega: "Quando cerco un libro che mi aiuti a superare gli ostacoli che mi trovo davanti nella vita di lavoro, non so che cosa farne di un arido manuale scritto da un sessantenne, alla fine di una lunga

carriera". Cerca invece un libro scritto da qualcuno della sua età, a cui possa relazionarsi.
Come suo padre e il fratello maggiore, si è laureata alla Wharton School of Finance. Attualmente è un executive vice president per lo sviluppo e le acquisizioni della Trump Organization, e membro della nuova generazione che erediterà e dirigerà il business di famiglia. Recentemente ha presentato suo padre quando alla Trump Tower ha pronunciato il suo discorso per la candidatura a presidente.
Questo libro, quindi, è idealmente adatto ai poco più che ventenni desiderosi di lasciare la loro impronta sul mondo, quelli che sono partiti, come lei stessa, per trovare il loro posto nel mondo del business. (Sottolinea che sì, ha avuto parecchi vantaggi, compreso quello di lavorare nell'azienda di famiglia, ma se non fosse stata adeguata sarebbe stata licenziata. La porta era aperta e l'opportunità è stata offerta, ma stava a lei guadagnarsela.)

Time to Get Tough: Making America #1 Again, Regnery Publishing, 2011.
Brusca deviazione dai suoi libri basati sul business, questo libro è la ricetta di Trump sul perché e il come l'America come nazione ha bisogno di cominciare a prendere posizione contro i soprusi e ad agire; in altre parole, è tempo per l'America di smettere di fare da sacco di allenamento e passare all'offensiva per diventare, ancora una volta, il campione mondiale peso massimo che era.
Il tema sottostante il libro è che il business dell'America è il business, ma che esso è stato indebolito da politici indifferenti e inetti e da presidenti pavidi che rifiutano di prendere posizioni nette contro i mali economici che affliggono gli USA.
Si tratta delle linee guida originali della corsa del 2016 di Trump per la presidenza, e in quanto tali, meritano un'attenta lettura da parte di chiunque voglia sapere come la

pensa sui problemi principali; in breve la sua piattaforma politica e le sue ricette per curare le malattie degli Stati Uniti.
Nell'agosto del 2015, su www.donaldjtrump.com, Trump ha iniziato a postare le sue posizioni sui problemi principali. Per coloro che vogliono avere una visione generale, qui c'è tutto il piano. Di particolare interesse la postfazione del libro, in cui Trump definisce le ragioni fondamentali per la corsa a un pubblico ufficio. In essa leggiamo che la sua terza moglie, Melania, gli ha detto: "Donald, le persone ti amano, ma non ti voterebbero come presidente". Lui, ovviamente, le ha chiesto perché e lei gli ha spiegato: "Sei un po' matto e un po' troppo polemico. Ti rispettano, pensano che sei molto intelligente – il più intelligente di tutti – ma troppa gente semplicemente non voterebbe per te".
Con il passare del tempo, Melania ha cambiato opinione, e lo ha invitato a correre perché "ora puoi vincere, e forse anche facilmente. La gente ti vuole veramente. Lo vedo per la strada. La gente ti vuole e ha veramente bisogno di te".
Questo, credo, è stato il punto cruciale. Trump ha quindi deciso che meritava un pensiero approfondito e ha scritto: "La mia ragione principale per correre da presidente sarebbe sistemare il casino che Obama ha fatto in questo paese... E che sia io o qualcun altro, abbiamo bisogno del genere di pensiero che può produrre questo successo", riferendosi al suo successo come capo della Trump Organization.
Il libro conclude: "Abbiamo bisogno di leader intelligenti, persone che comprendano come funziona il mondo e abbiano il fegato di essere duri. Con una leadership adeguata, possiamo ricostruire la città splendente sulla collina che eravamo una volta. Quando lo avremo fatto, potremo celebrare orgogliosamente e coraggiosamente il

potere e la supremazia dell'America nel mondo... Se lo facciamo possiamo, insieme, rendere di nuovo l'America il numero 1".
Quattro anni dopo, Trump ha deciso che era finalmente il momento di diventare seri, e ha annunciato la sua candidatura alla presidenza.
Nota: il primo capitolo dell'edizione tascabile (2015) è stato aggiornato con gli eventi recenti.

Midas Touch: Why Some Entrepreneurs Get Rich – And Why Most Don't, di Donald J. Trump e Robert Kiyosaki, Plata Publishing, 2011; tr. it. *Il tocco di Mida: perché alcuni imprenditori diventano ricchi e altri no*, Gribaudi, 2012.
Il "tocco di Mida" è la metafora ideale per rappresentare le caratteristiche dell'imprenditore di successo. Queste sono: forza di carattere; concentrazione; brand; relazioni e le piccole cose. Prese insieme: "quando tutta la consapevolezza, la capacità, l'apprendimento e la conoscenza sono in mano vostra, ecco che il potere del vero tocco di Mida risplende".
Riconoscendo che i governi e le scuole non creano lavoro, e che solo gli imprenditori lo fanno, questo libro traccia la ricetta degli autori su "quello che ci vuole per diventare imprenditore di successo".
Incoraggiano i lettori a sviluppare le capacità imprenditoriali e a prendere il controllo delle loro vite finanziarie diventando gente che rischia.

Crippled America: How to Make America Great Again, Threshold Editions, 2015.
Dato che Trump corre per la presidenza, le sue idee su ciò che politicamente affligge gli Stati Uniti e le sue ricette per la cura sono un argomento attuale, anche se non nuovo. Ha parlato e scritto su questo argomento per

anni e ora sente che il punto di svolta è stato raggiunto. A meno che non si intraprendano azioni immediate e drastiche, gli USA dovranno affrontare l'insolvenza e il default a causa della crescita del debito pubblico verso proporzioni titaniche. Gli americani, sostiene, stanno guardando dall'orlo di un abisso finanziario che farà sembrare il collasso economico del 2007-2008 minuscolo. Sostiene anche che i politici di carriera si sono dimostrati incapaci e non disposti ad apportare gli aggiustamenti necessari. Non sono la soluzione, ritiene, perché sono parte del problema.

La crescente insoddisfazione di Trump verso il sistema politico americano è in sintonia con quella di molti americani, che si sentono spossessati dei loro diritti. Scrive per questo target, che condivide la sua opinione che la solita politica ora non sta funzionando, e non lo ha fatto per molti anni. È ora di scuotere le cose, ed è il momento per fare grossi cambiamenti, estromettendo i politici di carriera e rimpiazzandoli con non politici che faranno il bene dei votanti americani.

Note

1 Jordan Zakarin, "How the Kennedy-Nixon Debate Changed American Politics", biography.com, 24 settembre 2020, https://www.biography.com/political-figures/kennedy-nixon-debate-televised-importance.

2 Enciclopedia Britannica, "Richard Nixon", 25 giugno. 2024, https://www.britannica.com/biography/Richard-Nixon.

3 Christina Sterbenz, "These Videos Show Biden as an Old Man Shuffling Into a Sea of Lies", *Bloomberg*, 28 giugno 2024, https://www.bloomberg.com/opinion/articles/2024-06-28/who-won-the-2024-debate-biden-s-age-vs-trump-s-lies.

4 Anthony Zurcher, "Analysis: Biden's incoherent debate performance heightens fears over his age", 27 giugno 2024, https://www.bbc.com/news/articles/crgedpw4r5eo.

5 The Notorius B.I.G. (1972-1997), detto Biggie, e Tupac Shakur (1971-1976): due rapper americani molto famosi. Entrambi sono stati uccisi ma il fatto che gli omicidi non siano mai stati risolti ha aperto la strada a numerose teorie alternative, secondo le quali non sarebbero mai morti (*N.d.t.*).

6 *Vox*, "Watch Obama and Seth Meyers viciously mock Donald Trump to his face in 2011", 4 marzo 2016, https://www.vox.com/2016/5/4/11591114/donald-trump-obama-seth-meyers-white-house-correspondents-dinner.

7 Claire McNear, "The Celebration That Wasn't: Inside the grim scene of Hillary Clinton's defused victory party", TheRinger.com, 9 novembre 2016, https://www.theringer.com/2016/11/9/16039318/hillary-clinton-celebration-that-wasnt-javits-center-223ad42908e8.

8 Thea Glassman, "Hillary Clinton Tried Skipping Trump's Inauguration In The Most Relatable Way Possible", 21 ottobre 2017, Elitedaily.com, https://www.elitedaily.com/p/did-hillary-clinton-attend-trumps-inauguration-yes-but-she-tried-really-hard-to-avoid-it-2966313.

9 In realtà Clinton ha battuto Trump nel voto popolare con ampio margine, ma ha perso nei collegi elettorali.

10 Procuratore generale degli Stati Uniti (figura assimilabile al nostro ministro della Giustizia), Bill Barr è stato uno dei membri più illustri dell'amministrazione Trump. A dicembre 2020 si dimise in contratto con Trump perché riteneva non ci fossero stati brogli elettorali (*N.d.t.*)

11 PBS, "Trump's 2024 trials: Where they stand and what to expect", PBS, 25 gennaio 2024, https://www.pbs.org/newshour/politics/trumps-2024-trials-where-they-stand-and-what-to-expect.

12 *Trump Tower*. La Trump Tower è stata completata nel 1983. Situato a New York tra la 56a est e la 57a, l'edificio ha 68 piani: dall'1 al 26 uffici di lusso; 27 e 28 uffici di Donald Trump e dal 30 al 68 abitazioni residen-

ziali con entrata privata. Nella Trump Tower ci sono anche un ristorante, una caffetteria, un bar, un negozio di articoli da regalo e un grande magazzino. Fonte: www.TrumpTowerNY.com.

13 *Slogan della campagna.* Lo slogan per la campagna presidenziale del 2016 di Donald Trump – "Make America Great Again!" – richiama quello di Ronald Reagan. Trump lo ha registrato in modo che nessun altro politico possa utilizzarlo (presentazione 19 novembre 2012, registrazione 14 luglio 2015, n. 4773272). Per quanto riguarda la piattaforma per la sua campagna, le linee guida possono essere rinvenute in tre libri: *The America We Deserve* (Renaissance Books, 2000), *Time to Get Tough: Making America #1 Again* (Regnery Publishing, 2011) e *Crippled America: How to Make America Great Again* (Threshold Editions, novembre 2015).
In *Trump: The Art of the Deal* (Random House, 1987), scrive: "Alla fine, la Trump Tower divenne più di un altro buon affare. Ci lavoro, ci vivo e ho un sentimento particolare per essa. È per via di questo speciale attaccamento personale che ho finito per acquisire le quote del mio partner, Equitable, nel 1986".
Attualmente, la Trump Tower è posseduta al 100 per cento dall'uomo il cui nome è incastonato in grandi lettere maiuscole dorate sopra l'entrata principale.

14 *Immigrati messicani.* Nel suo articolo sul *Washington Post* del 23 agosto 2015 ("They've got to go"), George Wills spiega, citando Trump: "'Loro', i circa 11,3 milioni di immigrati illegali... hanno queste caratteristiche: l'88 per cento vive qui da almeno cinque anni; del 62 per cento che è qui da almeno 10 anni, circa il 45 per cento è proprietario dell'abitazione in cui vive; circa la metà ha bambini che sono nati qui e quindi hanno la cittadinanza. Dara Lind di

Vox riferisce che almeno 4,5 milioni di bambini con la cittadinanza hanno almeno un genitore che è un immigrato illegale". L'editorialista del *Washington Post* sottolinea satiricamente che, per Trump, dove c'è una volontà esiste un modo: "Trump vuole che l'America pensi in grande. I costi in decenni e dollari (centinaia di milioni) del progetto di Trump potrebbero essere ridotti se, per esempio, ai destinatari fosse richiesto di cucire dei distintivi gialli sui loro vestiti per rendere nota la loro prossima espulsione. Esiste un precedente".

15 *Hotel dei terroristi.* Secondo PolitiFact.com (Lauren Carroll, "Donald Trump: ISIS built a hotel in Syria", 16 giugno 2015), "il granello di verità qui è che lo Stato Islamico ha preso possesso di un albergo di lusso. Ma non l'ha costruito. E non è in Siria. E non funziona come un normale hotel. Non siamo riusciti a trovare alcuna prova che lo Stato Islamico gestisca qualsiasi tipo di hotel in Siria. Abbiamo cercato di contattare un portavoce di Trump, ma non ci ha richiamato. Tuttavia, a maggio, lo Stato Islamico ha riaperto un hotel a cinque stelle a Mosul, che era stato chiuso quando il gruppo terroristico aveva occupato la città, una delle più grandi dell'Iraq... Quindi lo Stato Islamico non ha costruito il Ninawa International Hotel; lo ha solo occupato. Inoltre, non è veramente aperto in senso commerciale. Secondo le notizie, lo Stato Islamico sta usando le 262 stanze per ospitare gli ufficiali del gruppo di comando, e può essere usato come sede di matrimoni per i membri del gruppo".

16 *Costo della guerra in Iraq.* Secondo Reuters (Daniel Trotta, "Iraq war costs U.S. more than $2 trillion: study", 14 marzo 2013): "La guerra degli Stati Uniti in Iraq è costata 1700 miliardi di dollari con un costo addizionale di 490 miliardi di dollari in benefit per i veterani, che potrebbe

salire a più di 6000 miliardi di dollari nei prossimi quarant'anni se si contano gli interessi, ha sostenuto uno studio diffuso giovedì".

17 *Perdite USA in Iraq e Afghanistan.* In uno studio di Catherine Lutz del Watson Institute for International Studies della Brown University ("US and coalition casualties in Iraq and Afghanistan", 21 febbraio 2013), l'autrice afferma: "Le forze armate statunitensi hanno contato attentamente i caduti in uniforme nelle guerre in Iraq e in Afghanistan, e al 14 febbraio 2013 il totale ammonta a 6656".

18 *Veicoli corazzati catturati dall'ISIS.* Un quotidiano inglese, il *Guardian*, ha riferito il 31 maggio 2015, in un articolo intitolato "Isis captured 2300 Humvee armored vehicles from Iraqi forces in Mosul", che "domenica il primo ministro Haider al-Abadi ha affermato che le forze di sicurezza irachene hanno perso 2300 veicoli corazzati Humvee quando i jihadisti dello Stato Islamico hanno invaso la città settentrionale di Mosul". Il giornale fa notare che è impossibile determinare il prezzo esatto degli Humvee perché "varia a seconda di come sono armati ed equipaggiati..." e riferisce che il Dipartimento di stato USA "ha approvato una possibile vendita all'Iraq di 1000 Humvee con armatura potenziata, mitragliatrici, lanciagranate e altre attrezzature, che è stata stimata valere 579 milioni di dollari". Basandosi su questo, 2300 Humvee armati ed equipaggiati allo stesso modo potrebbero costare 579.000 dollari ciascuno, il che genererebbe una perdita di più di 1,33 miliardi di dollari in veicoli equipaggiati secondo lo stato dell'arte che ora vengono utilizzati dal nemico dopo la fuga degli iracheni. (Il quotidiano nota anche che "i miliziani si sono impadroniti di un gran numero di armi, munizioni ed equipaggiamenti quando le divisioni irachene si sono disintegrate nel nord del paese, abbandonando

attrezzature e uniformi nella fretta di fuggire. L'ISIS ha utilizzato gli Humvee catturati, che erano stati forniti all'Iraq dagli Stati Uniti, per i successivi combattimenti, riempendone alcuni di esplosivo per attacchi suicidi".)

19 *Prodotto interno lordo USA*. Il Bureau of economic analysis ha rilasciato una stima il 30 luglio 2015, secondo la quale "il prodotto interno lordo reale – il valore della produzione di beni e servizi negli Stati Uniti, aggiustato secondo i cambiamenti di prezzo – è cresciuto a un tasso annuale del 2,3 per cento nel secondo trimestre del 2015, in coerenza con quanto previsto dalla valutazione 'preventiva' rilasciata dal Bureau of economic analysis. Nel primo trimestre il PIL reale è cresciuto dello 0,6 per cento (rivisto)" (www.bea.gov/newsreleases/national/gdp/2015/gdp2q15_adv.htm).

20 *Disoccupazione*. Sul sito di NPR [National Public Radio] si legge che "l'economia USA ha creato 215.000 posti di lavoro il mese scorso, poco meno della cifra prevista dagli economisti. Il tasso di disoccupazione è rimasto invariato al 5,3 per cento" (Scott Neuman "Unemployment Rate Steady as Economy Adds 215,000 Jobs", 7 agosto 2015). PolitiFact.com (16 giugno 2015) ha svolto indagini sull'affermazione di Trump (Louis Jacobson, ricercatore; a cura di Angie Drobnic Holan), e dissente. Trump tiene conto anche delle cifre relative alla sottoccupazione, il che fa aumentare ulteriormente la disoccupazione. Inoltre, secondo PolitiFact "Trump è in errore persino se gli si accorda il massimo del beneficio del dubbio. La cifra più alta riportata dal governo per la sottoccupazione è il 10,8 per cento, neanche la metà di quanto afferma Trump. E anche se si tenta di ampliare questo numero per comprendere altri americani lasciati fuori dalle statistiche standard, non c'è modo plausibile di andare oltre il 16 per cento, e anche

questo è un numero molto alto. Queste cifre sono ben al di sotto di quelle citate da Trump, quindi la percentuale da lui dichiarata è falsa".

21 *Invecchiamento dell'arsenale nucleare.* Il *Los Angeles Times* (Ralph Vartabedian e W.J. Hennigan, "Aging Nuclear Arsenal Grows Ever More Costly", 8 novembre 2014) spiega che "L'arsenale di armi nucleari del paese è diminuito dell'85 per cento dal suo massimo durante la Guerra Fredda mezzo secolo fa, ma il Dipartimento dell'energia spende oggi nove volte di più per ogni arma rimasta. In quest'anno fiscale l'arsenale nucleare costerà 8,3 miliardi di dollari, con una crescita del 30 per cento nell'ultimo decennio". Il giornale ha citato le affermazioni di Roger Logan ("uno scienziato nucleare che è andato in pensione nel 2007 dal Lawrence Livermore National Laboratory"): "Non stiamo ottenendo abbastanza da quello che spendiamo, e stiamo spendendo più di quello che ci serve. L'intero sistema ci ha tradito". Il giornale cita anche Norton A. Schwartz, un generale a quattro stellette ora in pensione, ex capo di stato maggiore dell'Aeronautica: "Se la modernizzazione non viene attuata in modo appropriato, la percezione della forza degli USA è a rischio, e per estensione anche la nostra sicurezza nazionale".

22 *Aumenti dell'Obamacare.* Sulla rivista *Forbes* ("Why are the 2016 Obamacare rate increases so large?", 10 giugno 2015) Robert Laszewski [presidente di Health Policy and Strategy Associates LLC, in Washington, D.C.] spiega: "Invece di una crescita moderata per un altro anno, sono iniziati i forti incrementi". L'assicurazione sanitaria texana Blue Cross ha chiesto "solo" il 20 per cento di aumento; CareFirst Blue Cross del Maryland ha chiesto il 34 per cento per un tipo di piano e il 26,7 per cento per un al-

tro; in Oregon, Moda sta chiedendo un aumento del 25,6 per cento, e LifeWise uno del 38,5 per cento; Blue Cross Blue Shield del Tennessee un aumento del 36,3 per cento e Umana un 15,8 per cento; in Georgia Humana sta chiedendo un aumento del 19,44 per cento per i piani individuali; in Kansas un aumento "perlomeno del 38 per cento"; in Pennsylvania Highmark sta chiedendo il 39,65 per cento e Geiginger HMO il 58,4 per cento.

23 *Costi del sito Obamacare.* Bloomberg.com scrive: "Fino a ora, il sistema di iscrizione al piano Obamacare del governo federale è costato circa 2,1 miliardi (di dollari), secondo l'analisi dei contratti relativi al progetto condotta da Bloomberg Government" (Alex Wayne, "Obamacare Website Costs exceed $2 Billion, Study Finds", 24 settembre 2014). Si noti che in realtà il sito funziona.

24 *Obamacare: valutazione dei medici.* Un'inchiesta della Physicians Foundation su 20.000 dottori indica che "il 46 per cento assegna a Obamacare una D o una F, mentre il 25 per cento lo valuta A o B" (David Mills, "Is It True? Do Doctors Really Loathe Obamacare?", Healthline.com, 14 aprile 2015).

25 *The art of the deal.* Il suo primo bestseller, *Trump: The Art of the Deal*, è stato nella classifica del *New York Times* per cinquantadue settimane. Pubblicato da Random House in formato cartonato nel 1987, è stato definito da *Publishers Weekly* un "racconto personale vanaglorioso, infantile in modo disarmante eppure coinvolgente, che offre una visione dall'interno del finanziamento, dello sviluppo e della costruzione delle grandi proprietà immobiliari di New York ai tempi d'oro". *PW* nota che ha avuto una prima tiratura di 135.000 copie. Il *Library Journal* ha scritto: "Si tratta di un libro affascinante perché è incre-

dibile. A 41 anni Trump, figlio di un costruttore di appartamenti per il medio reddito del Queens, a New York, è a capo di un vasto impero immobiliare che vale miliardi. Il mondo di Trump è composto da una infinita serie di accordi e imprese, la maggior parte dei quali, secondo il suo punto di vista, ha goduto di un successo monumentale... Trump sembra essere un eccellente imprenditore ed esibizionista".

26 *Debito estero.* In un articolo su About.com (Tom Murse, "How Much U.S. Debt does China Really Own?", senza data), si afferma che: "I governi stranieri possiedono circa il 46 per cento di tutto il debito degli Stati Uniti sul mercato, per più di 4500 miliardi. Il paese che possiede la quota più alta del debito USA è la Cina, che secondo il Tesoro USA possiede più di 1200 miliardi di dollari in titoli, note e obbligazioni... Tra gli altri proprietari del debito USA si annoverano: il Giappone, per 912 miliardi; il Regno Unito, per 347 miliardi; il Brasile, per 211 miliardi; Taiwan, per 153 miliardi e Hong Kong per 122 miliardi". Si tratta di cifre relative al 2011.

27 *Bowe Bergdahl.* Eric Schmitt e Charlie Savage del *New York Times* hanno scritto ("Bowe Bergdahl, American Soldier, Freed by Taliban in Prisoner Trade", 31 maggio 2014): "L'amministrazione Obama ha rilasciato sabato una dichiarazione ufficiale, secondo cui il prigioniero di guerra solitario del conflitto afgano, catturato dai ribelli circa cinque anni fa, è stato riconsegnato alle forze armate americane in cambio di cinque talebani detenuti a Guantanamo, Cuba... I cinque detenuti talebani di Guantanamo, tra cui due importanti comandanti che si ritiene siano implicati in operazioni che sono costate la vita a militari americani e alleati e nell'uccisione di migliaia di sciiti in Afghanistan, sono stati trasportati in volo da Cuba...".

28 *L'isola militare cinese.* "Nuove immagini satellitari prese questa settimana mostrano che la Cina sta costruendo un edificio che potrebbe essere una base militare su un'isola contesa nel mare della Cina del sud, uno sviluppo che dovrebbe preoccupare gli Stati Uniti e i vicini asiatici... Il 16 giugno, il ministro degli Esteri cinese ha annunciato 'che l'infrastruttura sarà dedicata principalmente a scopi civili, ma riconosce che sarà usata anche per la difesa militare'" (Simon Denyer, "See China's Rapid Island-building Strategy in Action", *Washington Post,* 1° luglio 2015).
In un articolo online della CNN di Jim Sciutto e Katie Hunt ("China Says It Warned and Tracked U.S. Warship in South China Sea", 27 ottobre 2015), il ministro degli Esteri cinese Lu Kang ha affermato: "Se qualche paese pensa, attraverso qualche trucchetto, di essere in grado di interferire o persino impedire alla Cina di dedicarsi ad attività ragionevoli, legittime e legali in qualche parte del suo territorio, vorrei suggerire a questi paesi di abbandonare tale fantasia. In realtà, se importanti schieramenti insistessero a creare tensioni nella regione e a creare guai dal nulla, ciò potrebbe indurre la Cina a trarre la conclusione che ha bisogno di rafforzarsi e accelerare la costruzione delle nostre capacità. Consiglio gli Stati Uniti di non creare una simile profezia autoavverante".

29 *Ford.* "Ford Motor Co. ha annunciato venerdì che spenderà 2,5 miliardi per costruire una nuova generazione di motori e trasmissioni efficienti in Messico, creando 3800 posti di lavoro. Il sindacato United Auto Workers, in risposta, ha affermato che la creazione di posti in Messico invece che negli Stati Uniti sarà un argomento importante dei prossimi colloqui con Ford, General Motors e Fiat Chrysler Automobiles" (Luis Rojas e Bernie Woodall, "Ford to spend $2.5 Billion On Plants in Mexico, Angering UAW", Reuters.com, 17 aprile 2015).

30 *Debito USA.* "Se Washington non agisce rapidamente, il debito diventerà un fardello insostenibile? Credo che la risposta a questa domanda giaccia da qualche parte tra 'certamente' e 'molto probabilmente'... Non si possono aggirare le leggi dell'economia. Se continuiamo ad accumulare debito, se ignoriamo i segnali di allarme, se i nostri funzionari mantengono lo *status quo*, ci saranno delle conseguenze. Spero solo che l'America se ne renda conto prima che sia troppo tardi" (Alan Joe, "How Much Each Taxpayer owes Toward The Federal Debt", Taxpolitix.com, 26 aprile 2015).

31 *Petrolio saudita.* "L'Arabia Saudita ha aumentato in segreto la produzione di greggio a 9,8 milioni di barili al giorno, il livello più alto dall'ultimo ottobre, nello sforzo di riguadagnare quote di mercato nella sua guerra sul prezzo del greggio con i produttori americani di petrolio di scisto. A una conferenza tenuta in Arabia Saudita, Khalid-al-Falih, CEO di Saudi Aramco – la compagnia petrolifera statale – ha affermato: 'Comanderanno l'offerta, la domanda e le regole dell'economia. Ci vorrà tempo per rimuovere gli eccessi attuali'" (Andrew Critchlow, "Saudi Arabia Increases Oil Output to crush US Shale Frackers", Telegraph.co.uk, 27 gennaio 2015).

32 *Yemen.* CBS News ("Yemen Crisis Prompts U.S. Withdrawal, Emergency U.N. Meeting", 22 marzo 2015) riferisce che "Il Consiglio di sicurezza dell'ONU terrà un incontro di emergenza domenica per discutere il deterioramento della situazione in Yemen... Il timore generale è che lo Yemen – la nazione araba più povera del mondo, unificata solo negli anni Novanta – possa precipitare in un'altra guerra civile. La possibile presenza di gruppi legati all'ISIS complica la situazione, dato che al-Qaeda e gli estremisti che controllano un terzo di Iraq e Siria sono già rivali".

33 *Jeb Bush e la guerra in Iraq.* Nel primo dibattito presidenziale repubblicano, quando gli sono state fatte domande da Megyn Kelly sulla guerra in Iraq, l'ex governatore della Florida Jeb Bush ha affermato: "Sapendo quello che sappiamo ora, con informazioni difettose, e non essendoci preoccupati per prima cosa della sicurezza quando abbiamo invaso il paese, è stato un errore. Non sarei andato in..." (dibattito presidenziale repubblicano, trasmesso sul canale via cavo Fox News, 6 agosto 2015).

34 *Spese USA per l'educazione.* "Gli Stati Uniti spendono ogni anno per l'istruzione dei propri studenti più di ogni altra nazione sviluppata... nonostante la spesa, gli studenti USA inseguono ancora i loro rivali nei test internazionali... Gli Stati Uniti hanno speso più di 11.000 dollari per ogni studente elementare nel 2010 e più di 12.000 per ogni studente delle superiori. Quando i ricercatori hanno aggiunto i costi per i programmi successivi alla scuola superiore, come il college o i programmi di formazione, gli Stati Uniti hanno speso 15.171 dollari per ogni giovane nel sistema, più di ogni altra nazione esaminata nel rapporto" ("U.S. Education Spending Tops Global List, Study Shows", CBSNews.com, 25 giugno 2013, tratto da OECD, *Education at a Glance 2013: OECD Indicators*, pubblicato a cura di OECD). Nel programma International Students Assessment del 2012, gli Stati Uniti si piazzano, su 64 nazioni di tutto il mondo, al 35° posto in matematica e al 27° in scienze (Drew deSilver, "U.S. Students Improving – Slowly – In Math and Science, but Still Lagging Internationally", pewresearch.org, 2 febbraio 2015).

35 *Dipendenti della Trump Organization.* La CNN riferisce che "La Trump Organization impiega 22.000 persone. Tuttavia Trump dirige anche un certo numero di altre società che impiegano poco meno di 500 persone, il che signi-

fica che – secondo la definizione del governo federale – si qualifica come un piccolo imprenditore" ("Fact Check: Is Donald Trump a Small business?", CNN Wire Staff, CnnPolitics.com, 5 ottobre 2012).

36 *Crescita del debito pubblico.* "La settimana scorsa il debito nazionale ha sorpassato i 18.000 miliardi di dollari. Ciò equivale a 124.000 dollari per ogni nucleo familiare americano, o 56.378 per ogni individuo. Alla nazione ci sono voluti 205 anni per accumulare i primi mille miliardi di dollari, nel 1981, ma ci sono voluti solo 403 giorni per accumulare gli ultimi mille miliardi... l'anno scorso, gli USA hanno speso 430 miliardi di dollari solo per il pagamento degli interessi... Diciamo che gli interessi crescano al 5 per cento... Ciò significa che in un anno dovremmo pagare circa mille miliardi di dollari solo di interessi. Si tratta di circa due terzi di quello che il governo federale raccoglie ogni anno come introito fiscale globale!" ("The U.S. is Now $18 Trillion in Debt", InformationStation.org, 5 dicembre 2014).

37 *Kerry ciclista.* John Kerry non stava partecipando a una gara in bicicletta. Come spiega il giornale inglese *Guardian*, "Domenica si è rotto una gamba in un incidente in bici vicino a Scionzier, in Francia, a quanto pare dopo aver urtato un cordolo" ("John Kerry Breaks Leg in Cycling Accident...", dalla redazione, TheGuardian.com, 31 maggio 2015).

38 *Politica migratoria di Obama.* Per il Debate Club, *U.S. News* ha posto la domanda: "L'ordine esecutivo di Obama sull'immigrazione è legale?". *U.S. News* ha spiegato: "In un discorso la notte scorsa, il presidente Barack Obama ha annunciato una serie di ordini esecutivi che proteggeranno sino a 5 milioni di persone prive di documenti dall'espulsione. 'Ci sono azioni che ho l'autorità legale

di intraprendere in quanto presidente – lo stesso genere di azioni intraprese da presidenti democratici e repubblicani prima di me – che aiuteranno a rendere il nostro sistema di immigrazione più equo e giusto' ha affermato Obama. Secondo il piano del presidente, certe persone prive di documenti – tra cui quelle che hanno figli che sono cittadini USA o residenti legali – avranno l'opportunità di ricevere documenti di lavoro. Non ha esteso la protezione dall'espulsione ai genitori di bambini che beneficiano del suo precedente programma diretto ai cosiddetti 'dreamers' (giovani che sono stati portati nel paese illegalmente quando erano bambini)" ("Is Obama's Immigration Executive Order Legal?", USNews.com, Debate Club, senza data).

39 *Due evasi.* Dopo essere riusciti a fuggire dalla Clinton Correctional Facility di Dannemora, nello Stato di New York, con l'aiuto del personale della prigione, Richard Matt e David Sweat si sono diretti a piedi a nord, verso il Canada. Matt è stato ucciso in un conflitto a fuoco, mentre Sweat è stato ferito, è sopravvissuto ed ora è di nuovo in carcere. Entrambi erano assassini condannati, considerati armati e pericolosi, e hanno seminato il panico nella popolazione mentre un esercito di poliziotti li stava cercando.

40 *Standard di istruzione.* "Partendo dai migliori standard statali, l'iniziativa Common Core State Standards offre obiettivi di insegnamento coerenti e chiari, che aiutano a preparare gli studenti al college, alla carriera e alla vita. Gli standard indicano chiaramente che cosa ci si aspetta gli studenti imparino a ogni livello scolastico, in modo che ogni insegnante o genitore possa comprendere e sostenere il loro apprendimento.
Gli standard sono:

1. basati su ricerche e prove;
2. chiari, comprensibili e coerenti;
3. allineati con le aspettative del college e della carriera lavorativa;
4. basati su contenuti rigorosi e l'applicazione della conoscenza attraverso capacità di pensiero di ordine elevato;
5. costruiti in base alle lezioni apprese dagli attuali standard statali e ai loro punti di forza;
6. influenzati da altre nazioni ai vertici della preparazione degli studenti al successo nella nostra economia e società globale ("Read the Standards", CoreStandards.org).

41 *Ristrutturazione del vecchio ufficio postale*. Il *New York Times* ha spiegato che 80 aziende hanno mostrato interesse alla ristrutturazione, tra cui 10 hanno avanzato una proposta formale. Alla fine: "L'agosto scorso, l'agenzia ha firmato un affitto di 60 anni con la Trump Organization per convertire e ristrutturare l'edificio iconico in un hotel di lusso. Trump ne prende possesso formalmente sabato, il che consentirà di iniziare i lavori per un totale di 200 milioni di dollari. L'accordo comprende anche un'opzione per il rinnovo dell'affitto di altri vent'anni" (Eugene L. Meyer, "A Trump Makeover for Washington's Old Post Office", NYTimes.com, 27 maggio 2014).

42 *Invecchiamento dell'aeroporto LaGuardia*. Il *New York Times* ha riferito che l'aeroporto LaGuardia "sarà completamente ricostruito nel 2021", un progetto che "sostituisce completamente l'aeroporto", come ha detto il governatore dello stato di New York Andrew M. Cuomo. Joseph Sitt, di Global Gateway Alliance, ha affermato che si tratta di "una vittoria per gli oltre 117 milioni di passeggeri che utilizzano i nostri aeroporti ogni anno, e per un'economia regionale che si affida a questi per oltre 50 miliardi di dollari in attività" (Patrick McGeehan, "LaGuar-

dia Airport to be Overhauled by 2021, Cuomo and Biden Say", 27 luglio 2015).

43 *Beni cinesi.* Bob Bryan, "Trump is demanding China make a gargantuan economic change", Business Insider, businessinsider.com, 4 maggio 2018.

44 *Piani economici.* Aimee Picchi, Anne Marie Lee, "16 Novel Prize-winning economists warn that Trump's economic plans could reignite inflation", CBS News: Moneywatch, 25 giugno 2024, https://www.cbsnews.com/news/trump-economy-nobel-prize-winners-letter-inflation-warning/.

45 *Prendersi cura delle loro vite.* Bill Barrow, Lisa Mascaro, "With 'Gestapo' comment, Trump adds to numerous past Nazi Germany references", PBS News, 6 maggio 2024, https://www.pbs.org/newshour/politics/with-gestapo-comment-trump-adds-to-numerous-past-nazi-germany-references.

46 *Tasso di mortalità delle* madri. Hameed Hakimi, Dr. Gareth Price, Chatham House, "Afghanistan: One year of Taliban rule", https://www.chathamhouse.org/2022/08/afghanistan-one-year-taliban-rule.

47 *Niente in questo video è sbagliato.* U.S.News, Reuters, "Trump Falsely Claims to Have Driven Biden From Race in Video, Daily Beast Reports", www.usnews.com/news/top-news/articles/2024-07-04/trump-falsely-claims-to-have-driven-biden-from-race-in-video-daily-beast-reports.

48 *Statistiche di Trump.* FactCheck.org, www.factcheck.org/2021/10/trumps-final-numbers/.

Eugene Kiely, Brooks Jackson, Brea Jones, D'Angelo Gore, Lori Robertson e Robert Farley, "Trump's Final Numbers: Statistical indicators of President Trump's four years in office", 8 ottobre 2021.

49 *Perdenti e* creduloni. Jeffrey Goldberg, "Trump: Americans Who Died in War Are 'Losers' and 'Suckers'", The Atlantic, 3 settembre 2020, https://www.theatlantic.com/politics/archive/2020/09/trump-americans-who-died-at-war-are-losers-and-suckers/615997/.

50 *Che Dio ci* aiuti. Jake Tapper, "Exclusive: John Kelly goes on the record to confirm several disturbing stories about Trump", CNNPolitics, 3 ottobre 2023, https://www.theatlantic.com/politics/archive/2020/09/trump-americans-who-died-at-war-are-losers-and-suckers/615997/.

51 *I militari*. https://foreignpolicy.com/2021/04/12/biden-military-support-afghanistan-generals/.

52 *Favorire la vittoria ucraina*. Kaia Hubbard, "EXPLAINER: What is Article 5...", U.S. News & World Report, usnews.com, 8 marzo 2022.

53 *La sola persona di cui gli importa*. Andrews Gray, Charlotte Van Campenhout, "Trump told EU that US would never help Europe under attack—EU official", Reuters, reuters.com, 10 gennaio 2024.

54 *Totalmente ipocriti e offensivi*. Anna Chernova, Kaharina Krebs, Christian Edwards, "Putin demands more land to end Ukraine war...", CNN World, cnn.com, 14 giugno 2024.

55 *10.000 container inviati.* Soo-Hyant Choi, "Kim Sent Russia Millions of Artillery Shells, South Korea Says", Bloomberg, Bloomberg.com, 14 giugno 2024.

56 *Così ridicolo come Trump.* Dominique Moisi, "Trump Versus the West", Project Syndicate, 28 settembre 2016, https://www.project-syndicate.org/commentary/trump-versus-the-west-by-dominique-moisi-2016-09.

57 *Più grande potenza mondiale.* Ibid.

Fonti

1 TRUMP E LA POLITICA

Aborto
"Michael Barbaro, CITY ROOM. Trump on Abortion, Swearwords and Handshakes", *New York Times*, 3 maggio 2011.
http://query.nytimes.com/gst/fullpage.html?res=9A03EED71F30F93 0A35756C 0A9679D8B63

Amare le donne
Chris Cillizza, "Donald Trump on *Meet the Press*, annotated", WashingtonPost.com, 17 agosto 2015.
www.washingtonpost.com/news/the-fix/wp/2015/08/17/donald-trump-on-meet-the-press-annotated/

America, una discarica
"Donald Trump: 'Our Country Needs a Truly Great Leader'", Washington Wire, *Wall Street Journal*, 16 giugno 2015.
http://blogs.wsj.com/washwire/2015/06/16/donald-trump-transcript-our– country-needs-a-truly-great-leader/

Appeal e credibilità
Robert Costa, "Listening to Donald Trump Swear and Talk Politics on his Private Plane", *Washington Post*, 12 luglio 2015.
www.washingtonpost.com/news/post-politics/wp/2015/07/12/listening-to-donald-trump-swear-and-talk-politics-on-his-private-plane/

Arabia Saudita
George Stephanopoulos, intervista a Donald Trump, ABC News, 19 aprile 2011.
http://blogs.abcnews.com/george/2011/04/donald-trump-interview-transcript-part-one.html

Armi nucleari
Hugh Hewitt, "Donald Trump on Things 2016", HughHewitt.com, 3 agosto 2015.
www.hughhewitt.com/donald-trump-on-things-2016

Assassinio a San Francisco
Susan Jones, "Jan Brewer: Donald Trump 'Telling It Like It Really, Truly Is'", CNSNews.com, 9 luglio 2015.
www.cnsnews.com/news/article/susan-jones/jan-brewer-donald-trump-telling-it-it-really-truly

Assistenza sanitaria
Robert Costa, "Donald Trump interview: Real-estate mogul talks press and politics aboard his private plane", *Independent*, 13 luglio 2015.
www.independent.co.uk/news/people/donald-trump-interview-real-estate-mogul-talks-press-and-politics-aboard-his-private-plane-10386260.html

Autofinanziamento
"Donald J. Trump Presidential Announcement as

Delivered at Trump Tower in New York City on June 16, 2015".
http://blog.4president.org/2016/2015/06/donald-j-trump-presidential-announcement-speech-as-delivered-at-trump-tower-in-new-york-city-on-june.html

Autopromozione
Hugh Hewitt, "Donald Trump on 2016 and Trolling the GOP", HughHewitt.com, 25 febbraio 2015.
www.hughhewitt.com/donald-trump-on-2016-and-trolling-the-gop/

Bravi immigrati
John Dickerson, intervista a Donald Trump, *Face the Nation*, 23 agosto 2015, CBSnews.com.
www.cbsnews.com/news/face-the-nation-transcripts-august-23-2015-trump-christie-cruz/

Bush, George W.
"Donald Trump Explains All", redazione *Time* (Nancy Gibbs, Michael Scherer, Zeke Miller), Time.com, 20 agosto 2015.
http://time.com/4003734/donald-trump-interview-transcript/

Bush, Jeb
Reena Flores, "Trump on Jeb Bush: 'I don't see him as a factor'", CBSNews.com, 11 luglio 2015.
www.cbsnews.com/news/election-2016-donald-trump-jeb-bush-i-dont-see-him-as-a-factor/

George Stephanopoulos, intervista a Donald Trump, *This Week*, ABC news, 23 agosto 2015.
http://abcnews.go.com/Politics/week-transcript-donald-trump/story?id=33203713

Candidato di successo
Josh Hafner, "Trump: I won't do Iowa Straw Poll if everyone backs out", *Des Moines Register*, 2 giugno 2015.
www.desmoinesregister.com/story/news/elections/presidential/caucus/2015/06/01/donald-trump-straw-poll-mitt-romney-gucci-store/28313569/

Certificato di nascita
Lettera all'editore, "Donald Trump Responds", *New York Times*, 8 aprile 2011.
www.nytimes.com/2011/04/08/opinion/lweb08trump.html?_r=2

Certificato di nascita: revisione
Daniel Kreps, "Watch Donald Trump's Unapologetic Stephen Colbert Interview", rollingstone.com, 23 settembre 2015.
www.rollingstone.com/tv/news/watch-donald-trumps-unapologetic-stephen-colbert-interview-20150923

Cina e Corea del Nord
Scott Pelley, intervista a Donald Trump, *60 Minutes*, 27 settembre 2015.
www.cbsnews.com/news/donald-trump-60-minutes-scott-pelley/

Clinton, Hillary
Hugh Hewitt, "Donald Trump on Things 2016", HughHewitt.com, 3 agosto 2015.
www.hughhewitt.com/donald-trump-on-things-2016/

Collins, Gail
Lettera all'editore, "Donald Trump Responds", *New York Times*, 8 aprile 2011.
www.nytimes.com/2011/04/08/opinion/lweb08trump.html?_r=0

Conservatore, o no

John Dickerson, intervista a Donald Trump, *Face the Nation*, 23 agosto 2015, CBSnews.com.
www.cbsnews.com/news/face-the-nation-transcripts-august-23-2015-trump-christie-cruz/

Consultori familiari

Nina Bahadur, "Donald Trump Gets Womansplained on Planned Parenthood", Huffingtonpost.com, 10 settembre 2015.
www.huffingtonpost.com/2015/09/10/donald-trump-gets-womansplained-on-planned-parenthood_n_8118150.html.

Controllo delle armi

Fredy Riehl, "Donald Trump Talks: Gun Control, Assault Weapons, Gun Free Zones & Self Defense", Ammoland.com; Alex Jones, Infowars.com, 11 luglio 2015.
www.infowars.com/donald-trump-talks-gun-control-assault-weapons-gun-free-zones-self-defense/

Corea del Sud

George Stephanopoulos, intervista a Donald Trump, ABC News, 19 aprile 2011.
http://blogs.abcnews.com/george/2011/04/donald-trump-interview-transcript-part-two.html

Correre da indipendente

Kathleen Hennessey, "The 10 lines that capture the 10 candidates' key moments" e "Trump was clear about his (lack of) loyalty to the GOP", Trail Guide: Campaign 2016, *Los Angeles Times*, 6 agosto 2015.

Creazione di posti di lavoro

Rich Noyes, "Video Flashback: In '88 Interview, NBC

Pushed Donald Trump on Presidential Run; Chided His Wealth", Newsbusters.org, 17 luglio 2015.
http://newsbusters.org/blogs/nb/rich-noyes/2015/07/17/video-flashback-88-interview-nbc-pushed-donald-trump-presidential-run

Cristiani
David Brody,"Donald Trump Tells *Brody File*: As President 'I will be the greatest representative of the Christians they've had in a long time'", CBN news, blog, 20 maggio 2015.
http://blogs.cbn.com/thebrodyfile/archive/2015/05/20/donald-trump-tells-brody-file-as-president--i-will.aspx

Deviazioni
Intervista a Donald Trump, NBC news, video, 8 luglio 2015.
www.nbcnews.com/video/watch-the-full-unedited-donald-trump–interview-480244291643

Dibattiti
Tom Llamas, intervista a Donald Trump, *This Week*, ABC news, 2 agosto 2015.
http://abcnews.go.com/Politics/week-transcript-donald-trump/story?id=32829376

Fiorina, Carly
Paul Solotaroff, "Trump Seriously", *Rolling Stone*, 9 settembre 2015.
www.rollingstone.com/politics/news/trump-seriously-20150909

Governo gestito come un business
Geoffrey James, "Donald Trump's Advice for Millennials", Inc.com, 22 gennaio 2014.
www.inc.com/geoffrey-james/donald-trumps-advice-for-millennials.html

Grande muraglia
José Díaz-Balart, "Donald Trump Exclusive Telemundo Interview", NBCUniversal MediaVillage, Noticiero Telemundo, 25 giugno 2015.
https://www.nbcumv.com/news/transcript%C2%A0-donald-trump-exclusive-telemundo-interview

Icahn, Carl
Kathleen Parker, "Feeling the pre-debate fervor", *Washington Post*, 5 agosto 2015.
Accessibile agli abbonati di HighBeam.com alla URL www.highbeam.com/doc/1P2-38588017.html

Immigrati illegali: una retata
Scott Pelley, intervista a Donald Trump, *60 Minutes*, 27 settembre 2015.
www.cbsnews.com/news/donald-trump-60-minutes-scott-pelley/

Impotenza dei politici
"Donald Trump: 'Our Country Needs a Truly Great leader'", Federal News Service, *Wall Street Journal*, 16 giugno 2015.
http://blogs.wsj.com/washwire/2015/06/16/donald-trump-transcript-our– country-needs-a-truly-great-leader/

Indipendenza
John Dickerson, intervista a Donald Trump, *Face the Nation*, 23 agosto 2015, CBSnews.com.
www.cbsnews.com/news/face-the-nation-transcripts-august-23-2015-trump-christie-cruz/

Israele
Jacob Karmas, "Donald Trump: I'm No 'Apprentice' When It Comes to Israel", JNS.org, Algemeiner.com, 29 giugno 2015.

www.algemeiner.com/2015/06/29/donald-trump-im-no-apprentice-when-it-comes-to-israel-interview/

Kelly, Megyn
Primo dibattito presidenziale repubblicano. Fox News, 6 agosto 2015.

Krauthammer, Charles
Dieter Holger, "Donald Trump Insults Disabled Columnist in Interview", Inquisitr.com, 11 luglio 2015.
www.inquisitr.com/2244736/donald-trump-insults-disabled-columnist/

Leadership
"Donald Trump announces plans to form presidential exploratory committee", *Larry King Live*, CNN.com, 8 ottobre 1999.
www.cnn.com/ALLPOLITICS/stories/1999/10/08/trump.transcript/

Legge contro l'aborto
David Brody, "Just In: *Brody File* Exclusive: Donald Trump Comes out in Support of 20-week Abortion Ban", CBN news, aprile 2011.
http://blogs.cbn.com/thebrodyfile/archive/2015/07/22/just-in-brody-file-exclusive-donald-trump-comes-out-in.aspx

McCain e l'assistenza ai veterani
Martha Raddatz, intervista a Donald Trump, *This Week*, ABC News, 19 luglio 2015.
http://abcnews.go.com/Politics/week-transcript-donald-trump/story?id=32528691

McCain, eroe di guerra?
Alan Rappeport, "John McCain Says Donald Trump's Remarks Will Hurt Him Among Veterans", FirstDraft,

New York Times, 20 luglio 2015.
www.nytimes.com/politics/first-draft/2015/07/20/john-mccain-says– donald-trumps-remarks-will-hurt-him-among-veterans/

Meritocrazia per immigrati
Brent Johnson, "Donald Trump suggests 'merit system' for undocumented immigrants", NJ.com, 25 luglio 2015.
www.nj.com/politics/index.ssf/2015/07/donald_trump_hints_at_merit_system_for_undocumente.html

Obama, mancanza di leadership
Rebecca Kaplan, "Donald Trump: 'I pay as little as possible' in taxes", *Face the Nation*, CBS News, 2 agosto 2015.
www.cbsnews.com/news/donald-trump-i-pay-as-little-as-possible-in-taxes/

Offese agli ispanici
José Díaz-Balart, "Donald Trump Exclusive Telemundo Interview", NBCUniversal MediaVillage, Noticiero Telemundo, 25 giugno 2015.
https://www.nbcumv.com/news/transcript%C2%A0-donald-trump-exclusive-telemundo-interview

Palin, Sarah
Jonathan Karl, intervista a Donald Trump, *This Week*, ABC News, 2 agosto 2015.
http://abcnews.go.com/Politics/week-transcript-donald-trump/story?id=32829376

Percezione pubblica
George Stephanopoulos, intervista a Donald Trump, ABC News, 19 aprile 2011.
http://blogs.abcnews.com/george/2011/04/donald-trump-interview-transcript-part-two.html

Politica sull'immigrazione
John Cassidy, "Donald Trump's Troubles are Just Beginning", *New Yorker*, 28 luglio 2015.
www.newyorker.com/news/john-cassidy/donald-trumps-troubles-are– just-beginning

Quattordicesimo Emendamento
Ryan Teague Beckwith, "Full Text of the Second Republican Debate", Time.com, 16 settembre 2015.
http://time.com/4037239/second-republican-debate-transcript-cnn/

Quello che vuole la gente
"*The Economist* interviews Donald Trump" a cura della redazione, Economist.com, dall'edizione a stampa 3 settembre 2015.
www.economist.com/news/briefing/21663216-donald-trump-has-become-surprise-republican-frontrunner-early-2016-us-presidential

Reintroduzione della pena di morte
Glenn Plaskin, "Donald Trump", *Playboy*, marzo 1990.

Repubblicani
Kevin Cirilli e Bob Cusack, "Exclusive: Trump threatens third-party run", TheHill.com, 23 luglio 2015.
http://thehill.com/homenews/campaign/248910-exclusive-trump-reatens-third-party-run

Sbilancio commerciale cinese
Jacob Karmas, "Donald Trump: I'm no 'Apprentice' when it Comes to Israel", JNS.org, Algemeiner.com, 29 giugno 2015.
www.algemeiner.com/2015/06/29/donald-trump-im-no-apprentice–when-it-comes-to-israel-interview/

Scetticismo
Igor Bobic, "Donald Trump's Team Says His 'Massive' Net worth Is More Than 'TEN BILLION DOLLARS'", Huffpost Politics, Huffingtonpost.com, 15 luglio 2015.
www.huffingtonpost.com/entry/donald-trump-net-worth_55a6a342e4b0c5f0322c1726

Scommessa presidenziale
Robert Costa, "Listening to Donald Trump swear and talk politics on his private plane", *Washington Post*, 12 luglio 2015.
www.washingtonpost.com/news/post-politics/wp/2015/07/12/listening-to– donald-trump-swear-and-talk-politics-on-his-private-plane/

Sconfiggere l'ISIS
Jon Green, "Donald Trump's insane interview with the *Des Moines Register*", AMERICAblog, 2 giugno 2015.
http://americablog.com/2015/06/donald-trump-insane-interview-with-the-des-moines-register-annotated.html

Secondo emendamento
A.W.R. Hawkins, "Exclusive – Donald Trump: We Must Maintain 2nd Amendment 'In Its Strongest Form'", Breitbart news, 11 aprile 2015.
www.breitbart.com/big-government/2015/04/11/exclusive-donald-trump-we-must-maintain-2nd-amendment-in-its-strongest-form/

Snowden, Edward
Kristin Tate, "Donald Trump: NSA Whistleblower Snowden Should Be 'Assassinated'", MrConservative.com, senza data.
http://mrconservative.com/2013/06/20087-donald-trump-nsa-whistle-blower-snowden-should-be-assassinated/

"Somaro"
Francesca Bacardi, "Donald Trump Slams Anderson Cooper During Interview: 'The People Don't Trust you' – Watch Now!", 23 luglio 2015.
www.eonline.com/news/679254/donald-trump-slams-anderson-cooper-during-interview-the-people-don-t-trust-you-watch-now

Stracciare i concorrenti
Heather Haddon, "Donald Trump Interview: 'I Don't want to Be Disruptive'", *Wall Street Journal*, 19 giugno 2015.
http://blogs.wsj.com/washwire/2015/06/19/donald-trump-interview– i-dont-want-to-be-disruptive/

Tasse
Ryan Teague Beckwith, "Full Text of the Second Republican Debate", Time.com, 16 settembre 2015.
http://time.com/4037239/second-republican-debate-transcript-cnn/

Vaccinazioni e autismo
Hugh Hewitt, "Donald Trump on 2016 and Trolling the GOP", HughHewitt.com, 25 febbraio 2015.
www.hughhewitt.com/donald-trump-on-2016-and-trolling-the-gop/

Veterani
Michelle Moons, "Trump Interview: 'Admire Palin,' Political Media 'Amazingly Dishonest,' Real Climate Change 'Nuclear'", Breitbart News, 27 luglio 2015.
www.breitbart.com/big-government/2015/07/27/trump-interview-admire-palin-political-media-amazingly-dishonest-real-climate-change-nuclear/

Waterboarding
Jonathan Karl, intervista a Donald Trump, *This Week*, ABC News, 2 agosto 2015.

http://abcnews.go.com/Politics/week-transcript-donald-trump/story?id=32829376

2 TRUMP E IL BUSINESS

Arte di fare affari

George Stephanopoulos, intervista A Donald Trump, *This Week*, ABC News, 23 agosto 2015.
http://abcnews.go.com/Politics/week-transcript-donald-trump/story?id=33203713

Aspirazioni

Glenn Plaskin, "Donald Trump", *Playboy, marzo*1990.

Autopromozione

Glenn Plaskin, "Donald Trump," *Playboy*, marzo 1990.

Brand personale

Geoffrey James, "7 Smart Things Donald Trump Told Me", Inc.com, 2 maggio 2012.
www.inc.com/geoffrey-james/7-smart-things-to-learn-from-donald-trump .html

Businessman come presidente

"Donald Trump announces plans to form presidential exploratory committee", *Larry King Live*, CNN.com, 8 ottobre 1999.
www.cnn.com/ALLPOLITICS/stories/1999/10/08/trump.transcript/

Classe lavoratrice

"Donald Trump announces plans to form presidential exploratory committee", *Larry King Live*, CNN.com, 8 ottobre 1999.
www.cnn.com/ALLPOLITICS/stories/1999/10/08/trump.transcript/

Consigli agli imprenditori
Guy Kawasaki, "Ten Questions with Donald Trump", GuyKawasaki.com, 25 gennaio 2007.
http://guykawasaki.com/ten_questions_w-5/

Copertura stampa
Ben Terris, "Donald Trump's handwritten war with the press", *Washington Post*, 17 giugno 2015.
www.washingtonpost.com/news/style-blog/wp/2015/06/17/donald-trumpshandwritten– war-with-the-press/

Diventare ricco
David Hochman, intervista a Donald Trump, *Playboy*, ottobre 2004.

Fallimento
Gaby Wood, intervista a Donald Trump, TheGuardian.com, 7 gennaio 2007.
www.theguardian.com/business/2007/jan/07/media.citynews

Golf
Daniel Roberts, "Donald Trump: Let golf be for the rich elite", Fortune.com, 1° luglio 2015.
http://fortune.com/2015/07/01/donald-trump-golf-rich-elite/

Imprenditori
Geoffrey James, "7 Smart Things Donald Trump Told Me", Inc.com, 1° maggio 2012.
www.inc.com/geoffrey-james/7-smart-things-to-learn-from-donaldtrump.html

Negoziazione
Glenn Plaskin, "Donald Trump", *Playboy*, marzo 1990.

Opportunità di business
Dick Donahue, intervista a Donald Trump e Robert Kiyosaki, PublishersWeekly.com, 3 ottobre 2011.
www.publishersweekly.com/pw/by-topic/authors/interviews/article/48931-the-monday-interview-with-donald-trump-and-robert-kiyosaki.html

Pagare le tasse
Jason Howerton, "Donald Trump Says He's 'Probably the First Candidate in the History of Politics' Willing to Admit This", TheBlaze.com, 3 agosto 2015.
www.theblaze.com/stories/2015/08/03/donald-trump-says-hes-probablythe-first-candidate-in-the-history-of-politics-to-admit-this-about-his-taxes/

Palazzi con il brand
"Donald Trump announces plans to form presidential exploratory committee", *Larry King Live*, CNN.com, 8 ottobre 1999.
www.cnn.com/ALLPOLITICS/stories/1999/10/08/trump.transcript/

Patrimonio netto
Igor Bobic, "Donald Trump's Team Says His 'Massive' Net Worth Is More Than 'TENBILLION DOLLARS'", HuffPost Politics, HuffingtonPost.com, 15 luglio 2015.
www.huffingtonpost.com/entry/donald-trump-net-worth_55a6a342e4b0c5f0322c1726

Perdere terreno
John Barton, "Donald Trump: I'm Huge!", GolfDigest.com, novembre 2014.
www.golfdigest.com/magazine/2014-11/donald-trump-interview

Precedenti
"Investing: Caveat Emptor", *Trump: The Art of the Comeback*, Times Books, 1997

Pressione
Piers Morgan, "Donald Trump on sex, money and politics", *British GQ*, GQ-magazine.co.uk, 7 agosto 2015, ristampa dicembre 2008.
www.gq-magazine.co.uk/entertainment/articles/2011-05/17/gq–entertainment-donald-trump-interview-piers-morgan

Prezzi del petrolio
George Stephanopoulos, intervista a Donald Trump, ABC News, 17 agosto 2011.
http://blogs.abcnews.com/george/2011/08/full-transcript-my-interviewwith-donald-trump-part-2.html

Ricchi che si sono fatti da soli
Glenn Plaskin, "Donald Trump", *Playboy*, marzo 1990.

Slealtà
Marie Brenner, "After the Gold Rush", *Vanity Fair*, settembre 1990.

Tempismo
Ben Schreckinger, "Trump grows up", Politico.com, 15 luglio 2015.
www.politico.com/story/2015/07/donald-trump-grows-up-politicointerview-120196

Tenere aperte le opzioni
Trump: The Art of the Deal, Random House, 1987 (tr. it. *L'arte di fare affari*, Sperling & Kupfer, 1989).

3 TRUMP SU... TRUMP

Accordi prematrimoniali
"The Art of the Prenup: The Engagement Wring", *Trump: The Art of the Comeback*, Times Books, 1997.

Assertività
"Growing Up", *Trump: The Art of the Deal*, Random House, 1987 (tr. it. *L'arte di fare affari*, Sperling & Kupfer, 1989).

Chiedere scusa
Jessica Roy, "Donald Trump on *Tonight Show*: The Good, The Bad, and The Delusional", TVGuide.com, 12 settembre 2015.
www.tvguide.com/news/donald-trump-tonight-show

Disastri
Hugh Hewitt, "Donald Trump On the Day He Took the Pledge", HughHewitt.com, 3 settembre 2015.
www.hughhewitt.com/donald-trump-on-the-day-he-took-the-pledge/

Errori
Candace Taylor, "Donald Trump", TheRealDeal.com, 2009.
http://therealdeal.com/closings/donald-trump/

Essere riconosciuti
Mark Singer, "Trump Solo", *New Yorker,* 19 maggio 1997.
www.newyorker.com/magazine/1997/05/19/trump-solo

Fragilità della vita
"Now for the Hard Part", *Trump: Surviving at the Top,* Random House, 1990.

Ignorare i no
"Do You Have What It Takes?", *Think Big and Kick Ass in Business and Life*, con Bill Zanker, HarperCollins, 2007 (tr. it. *Pensa in grande e manda tutti al diavolo, nel lavoro e nella vita*, Rizzoli-Etas, 2007).

Imparare dalla vita
George Stephanopoulos, intervista a Donald Trump, ABC News, 19 aprile 2011.
http://blogs.abcnews.com/george/2011/04/donald-trump-interviewtranscript-part-two.html

Intrattenitore, politico o entrambi?
Ryan Teague Beckwith, "Full Text of the Second Republican Debate", Time.com, 16 settembre 2015.
http://time.com/4037239/second-republican-debate-transcript-cnn/

Perdere il controllo
Glenn Plaskin, "Donald Trump", *Playboy*, marzo 1990.

Permaloso
Colin Campbell, "'My god, stop being so thin-skinned!' Joe Scarborough just had an incredible Donald Trump interview", BusinessInsider.com, 24 luglio 2015.
www.businessinsider.com/joe-scarborough-donald-trump-thinskinned-2015-7

Perseveranza
Dick Donahue, "The Monday Interview with Donald Trump and Robert Kiyosaki", PublishersWeekly.com, 3 ottobre 2011.
www.publishersweekly.com/pw/by-topic/authors/interviews/article/48931-the-monday-interview-with-donald-trump-and-robert-kiyosaki.html

Predatori

Piers Morgan, "Donald Trump on sex, money and politics", *British GQ*, GQ-magazine.co.uk, 7 agosto 2015, ristampa dicembre 2008.
www.gq-magazine.co.uk/entertainment/articles/2011-05/17/gq-entertainment-donald-trump-interview-piers-morgan

Sfiducia

Glenn Plaskin, "Donald Trump", *Playboy*, marzo 1990.

Strette di mano

Michael Barbaro, "After Roasting, Trump Reacts in Character", *New York Times*, 1° maggio 2011 (versione stampata 2 maggio 2011).
www.nytimes.com/2011/05/02/nyregion/after-roasting-trump-reacts-incharacter.html?_r=0

4 DI NUOVO IN CORSA PER LA PRESIDENZA

Abramo Lincoln

Margaret Hartmann, "The 6 Most Bizarre and Baffling Trump-Rally Rants", nymag.com, Intelligencer, 29 giugno 2024.
https://nymag.com/intelligencer/article/most-bizarre-trump-rally-rants.html.

Addolcire la posizione sull'immigrazione

Zeke J. Miller, "Donald Trump Signals 'Softening' of Immigration Position", time.com, 23 agosto 2016.
https://time.com/4463874/donald-trump-softening-immigration-position/.

America ora e sempre: no alla NATO
Le Monde, Le Monde with AFP, "Trump explains recent NATO threats as a 'form of negotiation'", 20 marzo 2024.
https://www.lemonde.fr/en/united-states/article/2024/03/20/trump-describes-recent-nato-threats-as-a-form-of-negotiation_6636346_133.html.

Jason Lange, Reuters, "Trump's rise sparks isolationist worries abroad, but voters unfazed", 17 gennaio 2024.
https://www.reuters.com/world/us/trumps-rise-sparks-isolationist-worries-among-us-allies-americans-focus-home-2024-01-17/.

Dan De Luce, "If Trump wins, will the U.S. become isolationist?", NBC News, 25 febbraio 2024.
https://www.nbcnews.com/politics/national-security/if-trump-wins-america-isolationist-1930s-rcna140357.

"Bagno di sangue"
Amy Sherman, "In Context: What Trump said about a 'bloodbath' and Biden's actions on the car industry", politifact.com, 18 marzo 2024.
https://www.politifact.com/article/2024/mar/18/in-context-what-trump-said-about-a-bloodbath-and-b/.

Biden abbandona la corsa elettorale del 2024
Lettera del presidente Joseph R. Biden, Casa Bianca, 21 luglio 2024.

Biden non adatto per gareggiare
Jolie Lash, "'Worst president'": Donald Trump reacts to President Joe Biden dropping out of 2024 election", abcnews.go.com, 21 luglio 2024.
https://abcnews.go.com/Politics/donald-trump-reacts-president-joe-biden-dropping-2024/story?id=112143944.

"Caro sostenitore patriota"
Da una lettera datata luglio 2024, inviata da Trump ai suoi sostenitori, con la quale sollecita un "impegno a sostenere", chiedendo un "contributo" che va da cifre modeste a un massimo di 3.300 dollari.

Chuck Schumer, leader della maggioranza al Senato
Dan Ladden-Hall, "Trump Smears Chuck Schumer as a 'Proud Member of Hamas'", yahoo.com, 1 agosto 2024.

"Combattete, combattete, combattete"
www.scribe.com, "FULL REMARKS: 2024 Donald Trump Republican nomination acceptance speech".
https://www.scrible.com/app/pdf-viewer/#docUid=72IO0C0LH006036034S3G9BS0848IG82&entryId=1163360220.

Commercio: "L'uomo dei dazi"
Ana Swanson, Alan Rappeport, "Trump Eyes Bigger Trade War in Second Term", 27 giugno 2024.
https://www.nytimes.com/2024/06/27/us/politics/trump-trade-tariffs-imports.html.

Deep State
Donald P. Moynihan, McCourt School of Public Policy, Georgetown University, "Trump Has a Master Plan for Destroying the 'Deep State".
https://www.nytimes.com/2023/11/27/opinion/trump-deep-state-schedule-f.html.
Public Administration Review, https://onlinelibrary.wiley.com/doi/epdf/10.1111/puar.13433

Democratici
Bill Barrow, Lisa Mascaro, "With 'Gestapo' comment, Trump adds to numerous past Nazi Germany references", PBS News, 6 maggio 2024.

Disfatta caotica in Afghanistan
CNN, cnn.com, "READ: Biden-Trump debate transcript", 28 giugno 2024.
https://www.aljazeera.com/news/2021/9/30/us-generals-say-afghanistan-collapse-rooted-in-trump-taliban-deal

Eugene Kiely, Robert Farley, "Timeline of U.S. Withdrawal from Afghanistan", factcheck.org, 17 agosto 2021.

Donald Trump pregiudicato
Matt Dixon, "'These are bad people': Trump unloads after his historic guilty verdict", nbcnews.com, 31 maggio 2024.
https://www.nbcnews.com/politics/donald-trump/trump-unloads-historic-guilty-verdict-press-conference-rcna154867.

POLITICO magazine, "Tracking the Trump criminal cases", 13 giugno 2023, aggiornato il 31 giugno 2024.
https://www.politico.com/interactives/2023/trump-criminal-investigations-cases-tracker-list/#jan-six.

"Dreamers" e 14° Emendamento
Isaac Arnsdorf, Nick Miroff, Josh Dawsey, "Trump and allies planning militarized mass deportations, detention camps", www.washingtonpost.com, 21 febbraio 2024.

Giocarsi la carta dei neri
Matt Brown, Michelle L. Price, "Donald Trump falsely suggests Kamala Harris misled voters about her race", apnews.com, 31 luglio 2024.
https://apnews.com/article/trump-black-journalists-convention-nabj-1e96aa530e88013ed6f577feaf89ccb6

Immigrati
Ginger Gibson, nbcnews.com, "Trump says immigrants are 'poisoning the blood of our country'. Biden campaign likens comments to Hitler", 17 dicembre 2023.
https://www.nbcnews.com/politics/2024-election/trump-says-immigrants-are-poisoning-blood-country-biden-campaign-liken-rcna130141.

Immigrati che varcano la frontiera meridionale
Jill Colvin, "Trump's plans if he returns to the White House include deportation raids, tariffs and mass firings", apnews.com, 12 novembre 2023.
https://apnews.com/article/trump-policies-agenda-election-2024-second-term-d656d8f08629a8da14a65c4075545e0f.

"Joe lo Storto" torna in corsa?
Post dell'app di social media di Donald Trump, Truth Social, 6 agosto 2024.

Kamala Harris condanna la "Project 2025"
Daniel Dale, "Fact check: Harris falsely claims Project 2025 blueprint calls for cutting Social Security", cnn.com, 24 luglio 2024.
https://www.cnn.com/2024/07/24/politics/fact-check-harris-project-2025-trump/index.html

Kamala Harris si butta nella gara
Mary Whitfill Roeloffs, "Kamala Harris Confirms She's Running For President—After Biden's Crucial Endorsement", *Forbes*, 21 luglio 2024.
https://www.forbes.com/sites/maryroeloffs/2024/07/21/kamala-harris-confirms-shes-running-for-president-after-bidens-crucial-endorsement/

Lavori da neri
Matt Brown, Michelle L. Price, "Donald Trump falsely suggests Kamala Harris misled voters about her race", apnews.com, 31 luglio 2024.
https://apnews.com/article/trump-black-journalists-convention-nabj-1e96aa530e88013ed6f577feaf89ccb6

Media
https://thehill.com/homenews/administration/437610-trump-calls-press-the-enemy-of-the-people/.

Niente più gentilezza
David Jackson, "'I'm not going to be nice': Donald Trump launches all-out attack on Kamala Harris", usatoday.com, 25 luglio 2024.
https://www.usatoday.com/story/news/politics/2024/07/24/no-more-nice-donald-trump-launches-all-out-attack-on-kamala-harris/74526391007/

"Operazione militare speciale" di Putin
Oliver Browning, "Trump claims he would end war in Ukraine in one day: 'It would be easy'", INDEPENDENTtv, 4 maggio 2023.
https://www.independent.co.uk/news/world/americas/us-politics/donald-trump-russia-ukraine-war-b2377077.html.

Jones Hayden, "Trump threatens to cut US aid to Ukraine quickly if reelected", Politico, 16 giugno 2024.
https://www.politico.eu/article/donald-trump-ukraine-russia-war-threatens-cut-aid-election-2024/.

Katherina Krebs, Christian Edwards, Anna Chernova, "Putin demands more land to end Ukraine war, terms Kyiv rejects as 'compete sham'", CNNWorld, 14 giugno 2024.

https://www.cnn.com/2024/06/14/europe/putin-conditions-peace-talks-ukraine-intl/index.html.

Aila Slisco, "Trump Says He Could End Russia's War 'Within 24 Hours' of Negotiation", Newsweek, 26 gennaio 2023.

Ivana Kottasova, Kaitlan Collins, "Zelensky says Trump doesn't understand Putin because he has never fought him", 26 febbraio 2024.
https://www.cnn.com/2024/02/26/europe/zelensky-interview-ukraine-war-aid-trump-intl/index.html.

Reuters, "Putin says he thinks Trump is sincere about ending Ukraine war", 4 luglio 2024.
https://www.reuters.com/world/putin-says-preference-biden-remains-unchanged-despite-debate-2024-07-04/.

Posizione dei Democratici sulla frontiera meridionale

Daniel Dale, "Trump makes at least 12 false claims with Italian President", CNN Politics, Facts First, CNN, 16 ottobre 2019.
https://www.cnn.com/2019/10/16/politics/fact-check-trump-12-false-claims-italian-president/index.html.

Prendere o lasciare

Karoline Leavitt, responsabile della campagna elettorale di Trump, "Statement on Kamala's Selection of Radical Leftist Tim Walz", comunicato stampa, 6 agosto 2024.
https://x.com/TaylorPopielarz/status/1820818702889079098/photo/1

Presidente Biden
Alayna Treene, "Trump caught on camera slamming Biden", cnn.com, da un video clip ottenuto da thedailybeast.com.
https://www.cnn.com/2024/07/04/politics/video/trump-video-biden-treene-cnc-digvid.

Project 2025
Vaughn Hillyard, Alexandra Marquez, "Trump disavows Project 2025, but he has long-standing ties to some key architects", nbcnews.com, 11 luglio 2024.
https://www.nbcnews.com/politics/donald-trump/project-2025-trump-heritage-foundation-what-know-rcna161338

Questa sarà l'elezione più importante nella storia del nostro Paese
Nik Poli, "Six Takeaways From Donald Trump's Convention Speech", Time, 19 luglio 2024.

Rivendicazione di libertà di parola
"Reclaim Free Speech", https://www.donaldjtrump.com.

Michael S. Schmidt, Maggie Haberman, The *New York Times*, "Trump Election Charges Set Up Clash of Lies Versus Free Speech", 2 agosto 2023 (aggiornato il 3 agosto 2023).

Rivolta del 6 gennaio 2021
CNN, "Fact check: Trump lies that Jan. 6 was 'an insurrection caused by [House Speaker] Nancy Pelosi'".
https://www.cnn.com/2024/02/08/politics/fact-check-trump-january-6/index.html.

Shock
"Transcript: What Did Trump Say After He Was Shot?", usnews.com, 15 luglio 2024.
https://www.usnews.com/news/national-news/articles/2024-07-15/transcript-what-did-trump-say-after-he-was-shot.

Sogno americano
Mary Louise Kelly, intervista radiofonica al corrispondente dalla Casa Bianca Franco Ordonez, "The latest in Trump's campaign, as Democrats shake things up", Jnpr.org, 29 luglio 2024.
https://www.npr.org/2024/07/29/nx-s1-5055857/the-latest-in-trumps-campaign-as-democrats-shake-things-up.

Tentativo di assassinio
Jeongyoon Han, Stephen Fowler, "Trump recounts assassination attempt: 'I'm not supposed to be here'", www.npr.org, 19 luglio 2024.
https://www.npr.org/2024/07/19/g-s1-12143/trump-assassination-attempt-speech-rnc.

Tim Walz, governatore del Minnesota
Igor Bobic, "Donald Trump Claims Tim Walz Will 'Unleash HELL ON EARTH'", huffpost.com, 6 agosto 2024, citando da una mail inviata da Donald Trump ai suoi sostenitori.

Trump "al centro del bersaglio"
Alex Woodward, "Biden admits saying 'bullseye' was a 'mistake' while discussing Trump agenda", independent.co.uk, 16 luglio 2024.
https://www.independent.co.uk/news/world/americas/us-politics/biden-interview-trump-shooting-bullseye-b2580289.html.

Trump si sfoga su Biden e Harris
Natalie Allison, "2024 Elections: Harris and Trump launch lines of attack: A crook or 'Dumb as a Rock'", www.politico.com, 23 luglio 2024.
https://www.politico.com/news/2024/07/23/trump-kamala-harris-attacks-00170601.

Un dibattito sul dibattito con il vicepresidente Kamala Harris
Alexandra Marquez, Yamiche Alcindor, "Trump ditches upcoming ABC debate, agrees to Fox News debate instead", www.nbcnews.com, 3 agosto 2024.
https://www.nbcnews.com/politics/2024-election/trump-ditches-abc-debate-agrees-fox-news-kamala-rcna164992.

Una campagna in divenire
Eric Bradner, Alayna Treene, Kristen Holmes, "How two-topsy-turvy weeks upended Trump's 2004 campaign", CNN, 4 agosto 2024.
https://www.cnn.com/2024/08/04/politics/donald-trump-campaign-topsy-turvy/index.html.

Veterani militari: Trump *vs* Biden
Staff, CNN, "READ: Biden-Trump debate transcript", CNNPolitics, 28 giugno 2024.
https://www.cnn.com/2024/06/27/politics/read-biden-trump-debate-rush-transcript/index.html.

Intervista e-mail a Gary Burtless, senior fellow della Brookings Institutions, 8 agosto 2023.

Intervista a Douglas Holtz-Eakin, presidente dell'American Action Forum, 8 agosto 2023.

Indice analitico

Sommario

L'autore

George Beahm è un autore di punta del *New York Times* che ha scritto numerosi libri su importanti figure del business e della cultura popolare. Ex ufficiale dell'Esercito USA, è stato in servizio attivo nella Guardia Nazionale della Virginia e nella Army Reserve. Vive in Virginia con la moglie Mary, insegnante in pensione.

Finito di stampare nel mese di settembre 2024
su carta HOLMEN
con fibra vergine proveniente da foreste sostenibili holmen.com/paper
presso Grafica Veneta S.p.A. – via Malcanton, 2 – Trebaseleghe (PD)
Printed in Italy